दुनिया एना की नज़र से

दुनिया
एना की नज़र से

जॉस्टिन गार्डर

अनुवाद
धीरज अग्रवाल

UNBOUND SCRIPT

This translation has been published with the financial support of NORLA, Norwegian Literature Abroad.

प्रथम संस्करण : 2022

अनबाउंड स्क्रिप्ट
ISBN : 978-93-92088-12-4

First published by H. Aschehoug & Co. (W. Nygaard) AS, 2013
Published in agreement with Oslo Literary Agency

मूल्य : ₹295

प्रकाशक : अनबाउंड स्क्रिप्ट
एच-604, प्लॉट नं.-49
इन्द्रप्रस्थ एक्सटेंशन, दिल्ली- 110 092
वेबसाइट : www.unboundscript.com
ई-मेल : books@unboundscript.com

मुद्रक : यश प्रिंटोग्राफिक्स
नोएडा, उत्तर प्रदेश

DUNIYA ANNA KI NAZAR SE

by Jostein Gaarder
Translated by Dheeraj Aggrawal

क्रम

स्लेज़ की सवारी

साल के आख़िरी दिन, एना के गाँव का हर परिवार, पहाड़ों पर स्लेज़ की सवारी करने जाया करता था। घोड़ों को ख़ूब सज़ाया जाता, और स्लेज़ पर घंटियों के साथ-साथ अँधेरे को दूर करने के लिए मशालें लगाई जाती थीं। कभी-कभी, पिस्ट-बैशर नाम की एक ख़ास गाड़ी को पहले भेजकर बर्फ़ को सपाट भी किया जाता था ताकि भुरभुरी बर्फ़ में घोड़े फँस न जाएँ। नववर्ष की पूर्व संध्या पर, हर साल, वो पहाड़ों पर स्कूटर या स्की पर नहीं, बल्कि घोड़ों वाली स्लेज़ पर ही जाते थे। क्रिसमस तो जादुई होता था, लेकिन, सर्दियों का असली रोमांच इसी स्लेज़ की सवारी में था।

ये वाकई ख़ास दिन था। सभी सामाजिक रीति-रिवाजों को भुला दिया जाता था, और बिना किसी भेद-भाव के सब खुलकर मिलते थे। उस शाम वे पुराने साल का दामन छोड़कर नए बरस का हाथ थामते थे। मानो

बीते हुए कल और आने वाले पल के बीच अनदेखी दहलीज़ पार कर रहे हों। *नववर्ष की हार्दिक शुभकामनाएँ और बीते साल के लिए शुक्रिया!*

एना को साल का ये वक़्त बेहद पसन्द था। पर वह ये तय नहीं कर पाती थी कि उसका सबसे पसन्दीदा हिस्सा कौन सा था—साल के आख़िरी लम्हों को अलविदा कहने के लिए पहाड़ों तक का सफ़र या फिर बर्फ़ीली वादियों में अपने परिजनों के साथ गर्म कम्बल लपेटे गप्पें लगाते हुए वक़्त बिताना।

लेकिन, जिस साल एना दस बरस की हुई, उस साल कहीं बर्फ़ नहीं गिरी—न ही चोटियों पर... और न ही वादियों में। सर्दियों ने पूरे गाँव को अपने वश में कर रखा था, लेकिन, इक्का-दुक्का जगहों के अलावा, कहीं भी बर्फ़बारी नहीं हुई थी। यहाँ तक पर्वत श्रृंखला के सबसे ऊँचे शिखर भी अपनी सफ़ेद चादर के बग़ैर, नीले आसमान के नीचे, अधनंगे से दिख रहे थे।

लोग 'ग्लोबल वॉर्मिंग' और 'क्लाइमेट चेंज' की बातें कर रहे थे, और एना ने इन नए शब्दों को अपने जेहन में बिठा लिया। अपनी छोटी सी ज़िन्दगी में पहली बार एना को दुनिया की बदहाली का अहसास हुआ।

लेकिन, साल के आख़िरी दिन, पहाड़ों पर तो जाना ही था, चाहे वहाँ तक पहुँचने का इकलौता जरिया ट्रैक्टर ही क्यों न हो। हालाँकि, उन्हें दिन में जाना पड़ा क्योंकि बर्फ़ की ग़ैरमौजूदगी में, रात के अँधेरे में अपने हाथ को देखना तक मुश्किल था। मशालें भी ज़्यादा फायदेमन्द साबित नहीं होतीं और ट्रैक्टर पर उन्हें बाँधना बेहद बचकाना लगता।

तो, स्वादिष्ट पकवानों से लदे, पाँच ट्रैक्टर और ट्रेलर, भूर्ज के पेड़ों के बीच से रास्ता ढूँढ़ते हुए पहाड़ों की ओर चल पड़े। चाहे बर्फ़ हो या नहीं, नए साल का स्वागत तो पूरे ज़ोर-शोर से करना ही था।

उस क्रिसमस बर्फ़ या यूँ कहें तो उसकी कमी चर्चा का इकलौता विषय नहीं था। क्रिसमस की छुट्टियों के दौरान खेतों में एक रेंडियर

नज़र आया था और लोग मज़ाक़ में कह रहे थे कि शायद सैंटा क्लॉज ही उसे पीछे छोड़ गए हैं।

पर एना को इस घटना से कुछ डरावना, कुछ चेताने वाला अंदेशा हो रहा था। इससे पहले कभी भी कोई रेंडियर गाँव तक नहीं आया था। *पहाड़ी गाँव में जंगली जानवर* के हेडलाइन के साथ अख़बारों में उस मासूम और डरे हुए जीव की फ़ोटो छपी थी। उस फ़ोटो में किसान उसे कुछ खिलाने की कोशिश कर रहे थे।

ट्रैक्टर का कारवाँ चल पड़ा था और दूसरे बच्चों के साथ एना पहले ट्रेलर में थी। जैसे-जैसे वे ऊपर जा रहे थे, जमी हुई सतह कांच जैसी नज़र आ रही थी। बर्फ़ गिरने के पहले ज़रूर बारिश हुई होगी, और पानी नीचे फँसा रह गया होगा।

सड़क के किनारे उन्हें एक जानवर का शव दिखा और कारवाँ थम गया। वह शव एक जमे हुए रेंडियर का था और उन लोगों में से किसी का कहना था कि उसकी मौत भुखमरी से हुई थी।

एना उस वक़्त कुछ समझ नहीं पाई। लेकिन, जब वे पहाड़ के ऊपर पहुँच गए, तब उसने देखा कि पूरी ज़मीन जमी हुई थी। कंकड़ और घास तक जमी हुई बर्फ़ की चादर के नीचे दब गए थे।

कारवाँ ब्रे नाम के तालाब से गुज़रा। एक बार फिर सब रुक गए और चालकों ने इंजन भी बन्द कर दिया। उन्हें बताया गया जमे हुए तालाब में जाना सुरक्षित है और बच्चों के साथ-साथ बड़े भी झील की ओर दौड़ पड़े। बर्फ़ पूरी तरह पारदर्शी था और अपने पैरों तले मछलियों को तैरता देख, सब रोमांचित हो गए।

लोगों ने ज़ल्दी-ज़ल्दी हॉकी स्टिक, बॉल और टोबोग्गन निकाला और खेलने में जुट गए। लेकिन, एना की दिलचस्पी खेल से ज़्यादा उस

झील में थी। बर्फ़ की पतली सतह के नीचे उसने काई और शैवाल, अलग-अलग क़िस्म के बेर और लाल-पीली पत्तियों को तैरते देखा। मानो वह कोई और ही दुनिया हो—शान्त, उदार और बेहद मोहक़। लेकिन, तभी उसे एक मरा हुआ चूहा नज़र आया। फिर दूसरा... और फिर तीसरा। छोटे भूर्ज वृक्ष के नीचे एक मरा हुआ लेमिंग दिखा। उसे मालूम था कि ठंड से बचने के लिए चूहे और लेमिंग, बर्फ़ की चादर के नीचे झाड़ियों के बीच छिप जाते हैं। लेकिन, अगर बर्फ़ की चादर ही न हो, तो उन जीवों का बचना भी मुश्किल था।

अब एना को समझ आया कि क्यों वह रेंडियर पहाड़ों से उतर कर खेतों में आ गया था। और यह भी कि सैंटा क्लॉज से उसका कोई सरोकार नहीं था।

6 साल बाद

डॉक्टर बेंजामिन

एना अपने मम्मी-पापा के साथ घर पर थी। सूरज कई घंटों पहले ही डूब गया था और उसके पिता ने प्रकाश के लिए मोमबत्तियाँ जलाई थीं। तारीख़ थी दस दिसम्बर, और एना के सोलहवें सालगिरह में अब सिर्फ़ दो दिन बाक़ी था।

मम्मी और पापा सोफ़े पर बैठे थे, तीनों लोग प्रशान्त महासागर पर जहाजी जंग के बारे में रोमांचक फ़िल्म देख रहे थे। या फिर अट्ठारहवीं सदी के किसी महान नाविक के बारे में डॉक्यूमेंट्री फ़िल्म थी? एना को अच्छी तरह याद नहीं, क्योंकि उसका ध्यान फ़िल्म पर था ही नहीं।

वह डायनिंग टेबल पर बैठी थी और कभी-कभी टीवी की ओर देख लेती थी। उसके हाथों में एक बड़ी-सी कैंची थी जिससे वह अख़बारों से कटिंग कर रही थी।

अगस्त में, एना अपर सेकंडरी में पहुँची थी, और नए स्कूल में थोड़े ही

दिनों बाद, उसकी मुलाक़ात जोनस से हुई, जो उससे एक क्लास सीनियर था। वे ज़ल्द दोस्त बन गए और देखते ही देखते दोस्ती प्यार में बदल गई।

हाथ में चाय के एक बड़े कप के साथ, एना अपने कटिंग को देख रही थी और मन ही मन मुस्कुरा भी रही थी। वह सोच रही थी कि कितनी ज़ल्दी दुनिया बदल जाती है।

लेकिन, इन बदलावों के लिए एना तैयार थी—आख़िर, वह सोलह साल की होने जा रही थी। आज ही, उसे अपनी आंटी सुनिवा की पुरानी अँगूठी दी गई थी। सालों से एना जानती थी कि उसे अपने सोलहवें जन्मदिन पर वह अँगूठी विरासत में मिलेगी। पर उसे ज़ल्दी इसलिए मिल गई क्योंकि अगली सुबह एना की माँ को किसी कॉन्फ्रेंस में जाना था। तीनों ने रात का खाना एक साथ बैठकर खाया—उसकी माँ बेकरी से केक लाई थीं जिसके ऊपर एक बड़ा सा लाल रंग का गुलाब बना था। रात के खाने के बाद, रूबी की उस अँगूठी को पुराने बक़्से से निकालकर, एना को भेंट किया गया। वह पूरी शाम उस अँगूठी को पहनी रही और जब वह अख़बारों की कटिंग कर रही थी, तब बार-बार उसकी नज़र उसी अँगूठी पर जा रही थी।

वह कम से कम सौ साल पुरानी थी—कुछ लोगों का मानना था कि वह अँगूठी उससे भी ज़्यादा पुरानी थी। यही नहीं, उस अँगूठी के साथ कई दिलचस्प क़िस्से भी जुड़े थे।

एना को अँगूठी के साथ एक नया स्मार्टफ़ोन भी मिला। स्क्रीन पर उँगलियाँ फेरते ही अब वह ऑनलाइन जा सकती थी, पर फिर भी, उस शानदार अँगूठी के सामने स्मार्टफ़ोन कुछ नहीं था।

लेकिन, एना के लिए, इस अँगूठी का मिलना, इस साल घटने वाली सबसे अनोखी घटना नहीं थी। सबसे अनोखी चीज़ थी, अक्टूबर में उसकी ओस्लो यात्रा।

बचपन से ही एना को कहा गया था कि उसमें जीवन्त कल्पनाशीलता है। अगर कभी उससे पूछा जाता था कि वह क्या सोच रही है, तो एना क़िस्सों का अम्बार लगा देती थी और हर कोई इसे ख़ूबी ही मानता था। लेकिन, उसी साल बसंत के दौरान, एना को उन कहानियों में विश्वास होने लग गया था। एना को लगने लगा था कि किसी और दुनिया या समय के लोग, उन कहानियों के रूप में उसे संदेश भेज रहे हैं।

आख़िरकार, एना के माता-पिता ने उसे एक मनोचिकित्सक से मिलने के लिए तैयार कर लिया। कई बैठकों के बाद, मनोचिकित्सक ने एना को ओस्लो में मनोचिकित्सक से मिलने की सलाह दी। पर घबराने या शर्मिंदा होने की जगह, एना को ख़ास होने का अहसास हुआ।

लेकिन, उसकी एक शर्त थी—मनोचिकित्सक के साथ इस मुलाक़ात के लिए उसके मम्मी-पापा उसके साथ नहीं जाएँगे। जोनस ने साथ जाने का प्रस्ताव रखा, पर, एना के मम्मी-पापा उसे जोनस के साथ अकेले जाने देने के लिए तैयार नहीं थे। बहुत विचार-विमर्श के बाद, दोनों पक्षों में समझौता हो गया : एना जोनस के साथ जा सकती थी, लेकिन, माँ भी साथ जाएँगी, हालाँकि, उन्हें ट्रेन में एक अलग डिब्बे में सफ़र करना होगा।

तीनों लोग *रिक्सहॉस्पिटल* पहुँचे जहाँ मनोचिकित्सक के साथ एना का अपॉइंटमेंट था। लेकिन, मम्मी और जोनस को उसके साथ अन्दर जाने की इज़ाज़त नहीं थीं। एना समझ सकती थी कि इस ख़बर से उसकी माँ कितनी निराश थीं। एना के इलाज में वह भागीदार बनना चाहती थीं। पर फ़िलहाल, माँ को जोनस के साथ बाहर ही इन्तज़ार करना पड़ा।

पहली झलक में ही एना को डॉक्टर बेंजामिन पसन्द आ गए। डॉक्टर अपने जीवन के पाँचवें दशक में थे और उन्होंने अपने लम्बे और आधे पके बालों की चोटी बना रखी थी। उन्होंने एक कान में छोटी-सी बैंगनी ईयरिंग पहनी थी जो तारे जैसी दिखती थी और अपने काले कोट के सामने वाली पॉकेट में लाल-रंग की स्केच पेन रखी थी। डॉक्टर बेंजामिन की

आँखों में बच्चों जैसी चमक थी और उन्होंने गौर से एना को देखा।

डॉक्टर के पहले शब्द, एना को अभी तक साफ़-साफ़ याद थे। एना से हाथ मिलाने के बाद, डॉक्टर ने बोला कि क़िस्मत उनके साथ है, क्योंकि उनका अगला अपॉइंटमेंट रद्द हो गया है और एना जितना चाहे उतना वक़्त ले सकती है।

सूरज की सुनहरी रौशनी से वो सफ़ेद क़मरा जगमगा रहा था। एना की नज़र खिड़की के बाहर लाल-पीले पत्तों वाले पेड़ों पर पड़ी। उसने चीड़ के एक पेड़ पर ऊपर-नीचे दौड़ती एक गिलहरी को भी देखा।

स्काइरस वलग़ैरिस, उसने कहा। 'यानी आम गिलहरी। लेकिन इंग्लैंड में अब ये आम गिलहरी इतनी आम नहीं है। अमेरिकी स्लेटी गिलहरी ने इसे ख़त्म कर दिया है।'

डॉक्टर की आँखें आश्चर्य से फ़ैल गई थीं और एना सोच रही थी कि क्या उसकी बातों ने डॉक्टर को प्रभावित किया। डॉक्टर ने गिलहरी को देखने के लिए अपनी कुर्सी खिड़की की ओर मोड़ी, और एना की नज़र उनकी मेज़ पर लाल फ्रेम में लगी एक तस्वीर पर पड़ी। वह एक बेहद ख़ूबसूरत महिला की तस्वीर थी—वह डॉक्टर की पत्नी है या बेटी? एना उनसे पूछना चाहती थी, लेकिन, अगले ही पहल डॉक्टर वापस मुड़े और तस्वीर को ढक दिया, और एना अपने सवाल के बारे में भूल गई।

एना जानना चाहती थी कि मानसिक तकलीफ़ों की तफ़्तीश कैसे की जाती है। किसी के दिमाग़ के अन्दर डॉक्टर कैसे झाँककर देखते हैं, यह एना की कल्पना से भी परे था। हालाँकि, उसने सोचा था कि शायद डॉक्टर किसी ख़ास यंत्र के ज़रिए आँखों में देखते होंगे, आख़िरकार, आँखें ही तो होती हैं रूह की ज़ुबान। उसने सोचा था कि शायद डॉक्टर कान, नाक और मुँह से भी उसके अन्दर झाँककर देखेंगे। खैर डॉक्टर इनमें से किस प्रक्रिया का इस्तेमाल करेंगे, इस पर एना कुछ पक्का नहीं जानती थी, लेकिन, ये सारे ख़याल किसी फ़िल्म की तरह उसके दिमाग़

में लगातार चल रहे थे। एना को ये भी डर था कि शायद डॉक्टर उसे सम्मोहित करके उसके सभी राज़ जान जाएँगे। एना को न सिर्फ़ किसी और के वश में आने के ख़याल का ख़ौफ़ था, बल्कि वह अपने राज भी छिपाए रखना चाहती थी।

लेकिन उन्होंने तो सिर्फ़ बातें ही कीं। डॉक्टर ने उससे कई दिलचस्प सवाल पूछे और बातचीत इतनी मज़ेदार होने लगी कि एना ने भी डॉक्टर से एक-दो सवाल पूछ डाले। क्या डॉक्टर ने कभी अटपटी कहानियाँ सोची थीं? क्या उन्होंने अपने ख़्वाबों में ख़ुद को दूसरे शख़्स की तरह देखा था? क्या कभी उनका कोई भी सपना सच हुआ था?

आख़िरकार, डॉक्टर अपने नतीजे तक पहुँच गए। 'एना,' डॉक्टर बोले, 'मुझे ऐसे कोई भी संकेत नहीं मिले जो ये कहें कि तुम बीमार हो। तुम्हारी सोच दूसरों के मुकाबले कहीं ज़्यादा तेज़ है और तुम उन चीज़ों के बारे में भी कल्पना कर सकती हो जिसका अनुभव तुमने कभी नहीं किया। ये कल्पना शक्ति कभी-कभी तुम पर हावी हो सकती है लेकिन इसमें कोई चिन्ता की बात नहीं है।'

एना भी जानती थी कि उसमें कोई ख़ामी नहीं है। उसे यक़ीन था कि वह बीमार नहीं है। फिर भी उसे लगा कि उसे डॉक्टर को ये बात बतानी चाहिए कि कभी-कभी उसे अपनी काल्पनिक कहानियाँ सच लगने लगती हैं। उसने डॉक्टर से कहा कि वह जिन चीज़ों के बारे में सोचती है, उसे लगता है कि वे बातें उसके अन्दर से नहीं बल्कि कहीं और से आ रही हैं।

डॉक्टर ने उसकी तरफ़ देखकर हामी भरी।

उन्होंने कहा, 'मैं समझ सकता हूँ। तुम्हारी कल्पना इतनी जीवन्त है कि कभी-कभी यह बाहर आने लगती है। तुम्हें यक़ीन ही नहीं होता कि इन बातों को तुमने ख़ुद सोचा है। हर किसी के पास कल्पना शक्ति होती है, किसी में कम तो किसी में ज़्यादा। हर कोई अपने लिए काल्पनिक दुनिया गढ़ता है। पर हर शख़्स अपने ख़्वाबों को याद नहीं रख पाता है।

और यही ख़ूबी तुम्हें दूसरों से अलग बनाती है। तुम उन्हीं ख़्वाबों को आगे लेकर..।'

एना ने अपने सारे पत्ते खोल दिए :

'पर फिर भी मुझे लगता है कि मेरे सपने किसी और दुनिया या किसी दूसरे समय से आते हैं।'

डॉक्टर ने फिर हामी भरी। 'अपनी सोच पर यक़ीन करना ही इन्सानी फितरत है। बतौर इन्सान, हमेशा ही हमें ये लगता रहा है कि हम अलौकिक ताक़तों से सम्पर्क में हैं; चाहे वह भगवान हो, या फ़रिश्ते या फिर हमारे पूर्वज। कुछ लोग दावा करते हैं कि उन्होंने ख़ुद अपनी आँखों से इन शख़्सियतों को देखा है या फिर वे उनसे मिले हैं। कुछ लोग आसानी से यक़ीन कर लेते हैं तो कुछ नहीं। हर कोई एक-दूसरे से अलग होता है। कुछ लोगों को अंकगणित या शतरंज में हराना नामुमकिन होता है। तो कुछ कल्पना के मैदान में अजेय होते हैं और शायद इस क्षेत्र में एना नायरुड वर्ल्ड चैंपियन हो!'

एना की नज़रें बाहर पत्तियों पर नाचती धूप पर टिकी थीं।

'अगर तुमने ये सोचा होता कि तुम्हारे बाग में जितनी मधुमक्खियाँ हैं, उन्हें अमेरिका की जासूसी एजेंसी नियंत्रित कर रही है और वो सारी मधुमक्खियाँ तुम पर जासूसी कर रही हैं, तब शायद मैं ये कह पाता कि तुम मानसिक तौर पर बीमार हो..।'

'आपको कैसे मालूम कि हमारे घर में बगीचा है?'

'तुम्हारे मनोचिकित्सक ने अपनी रिपोर्ट में लिखा है कि तुमने उनसे कहा था कि अपने बाग में तुम रेंडियर से मिलना पसन्द नहीं करोगी।'

एना हँस पड़ी। 'मैं जो बोलना चाह रही थी उसे वह बिलकुल समझ नहीं पा रही थीं। पर हाँ, मुझे अपना बगीचा बहुत पसन्द है। और मधुमक्खियाँ भी..।'

'अच्छा?'

'मधुमक्खी भी, मेरी और आपकी तरह, प्रकृति का हिस्सा है। और उन्हें कोई जासूसी संस्था नियंत्रित नहीं कर रही है, इसमें कोई शक नहीं है। उन पर उनके जीन्स का नियंत्रण हैं। मुझे ये भी लगता है कि मधुमक्खियाँ धरती के स्वास्थ्य का प्रतीक हैं।'

'बिल्कुल। तुम जो कुछ कह रही हो, वह पागलपन नहीं है, या जिसे हम जैसे मनोचिकित्सक "अजीब ख़याल" कहते हैं, वह भी नहीं।'

बातचीत करते-करते डॉक्टर कभी-कभी अपने कम्प्यूटर स्क्रीन पर झाँककर देख रहे थे। एना को समझ आया कि डॉक्टर उसके गाँव के मनोचिकित्सक की रिपोर्ट पर नज़र डाल रहे है।

'क्या तुम्हें किसी चीज़ से डर लगता है?'

'ग्लोबल वॉर्मिंग से', एना ने पलक झपकते जवाब दिया।

डॉक्टर ने अचंभित होकर एना को देखा। वह बेहद अनुभवी चिकित्सक थे, फिर भी, एना के जवाब ने उन्हें चौंका दिया था।

'क्या मतलब!'

'मेरा मतलब है, मैं जलवायु परिवर्तन से डरती हूँ। मुझे डर है कि हम आने वाली पीढ़ियों को दरकिनार कर पर्यावरण को नष्ट कर रहे हैं।'

डॉक्टर कुछ पल शान्त रहे। 'ये डर बेबुनियाद नहीं है—और बदक़िस्मती से, मैं इस डर से तुम्हें निजात भी नहीं दिला सकता। अगर तुम कहती कि तुम्हें मकड़ियों से डर लगता है तो बात अलग थी। उस क़िस्म के मामलों में हम अलग-अलग तरह के डर के बारे में बात करते और फिर मैं इलाज करता। हम मरीजों को उन चीज़ों से सामना करवाते हैं जिनसे उन्हें डर लगता है। लेकिन, ग्लोबल वॉर्मिंग के तुम्हारे डर का इलाज हम नहीं कर सकते'

एना ने डॉक्टर बेंजामिन की ओर देखा और फिर उसकी नज़र उनकी ईयरिंग की तरफ़ गई जिसकी बनावट एक तारे जैसी थी।

'क्या आपको मालूम है कि पिछले दस सालों में हमने कितने करोड़

टन कार्बन डाइऑक्साइड वातावरण में छोड़ा है?'

इस बार चौंकने की बारी एना की थी। डॉक्टर बेंजामिन ने कहा, 'मेरी जानकारी के अनुसार आज वातावरण में कार्बन डाइऑक्साइड की मात्रा उस वक़्त से तक़रीबन चालीस प्रतिशत ज़्यादा है जब हम तेल, कोयला, पेट्रोल नहीं जलाते थे, और हमने जंगलों को नहीं काटा था, और खेती का इतना विस्तार नहीं हुआ था। आज वातावरण में जितना कार्बन डाइऑक्साइड है उतना तक़रीबन 6 लाख साल पहले था और इसकी पूरी ज़िम्मेदारी इन्सानों की ही है।'

डॉक्टर के जवाब ने एना को ख़ासा प्रभावित किया। हर कोई इन आँकड़ों से वाकिफ़ नहीं था। 'वातावरण में तेज़ी से कार्बन डाइऑक्साइड की मात्रा बढ़ रही है,' एना ने कहा, 'और हर बीतते दिन के साथ हालात और बिगड़ रहे हैं..।'

डॉक्टर बेंजामिन अपनी कोहनियाँ मेज़ पर टिकाकर आगे की ओर झुक गए थे। एक या दो सेकंड के लिए उन्होंने नीचे देखा, और फिर, एना की ओर देखने लगे। ऐसा लग रहा था कि उन्हें कोई जवाब नहीं सूझ रहा।

'मैं इस क्षेत्र में काम नहीं करता, लेकिन, मैं कार्बन जलाने को लेकर तुम्हारी चिन्ता को समझ सकता हूँ। शायद, एक नज़रिए से ये दिक़्क़त भी मानसिक ही है..।'

जब डॉक्टर बोलते-बोलते थम गए तब एना ने कहा, 'बोलिए, मैं सुन रही हूँ।'

'कभी-कभी मैं अपने आप से पूछता हूँ कि क्या हमारी संस्कृति जानबूझकर बुनियादी सच को दबाने की कोशिश करती है। क्या तुम समझ रही हो कि मैं क्या कहना चाह रहा हूँ?'

'हाँ। हम उन चीज़ों को भूलना चाहते हैं जो हमें नापसन्द है'

'मेरे कहने का बिल्कुल यही मतलब था।'

तभी एना को एक बात सूझी। उसे ये समझ नहीं आ रहा था कि उसके दिमाग़ में ये ख़याल आया कहाँ से; मानो जैसे कोई दूसरी दुनिया से ही आया हो। 'अगर मैं कहती कि मुझे अरबी लोगों से डर लगता है, तो आप क्या कहते?' एना ने पूछा।

डॉक्टर मुस्कुराए और कहा, 'मेरी सलाह होती कि तुम अरब जाओ और वहाँ के लोगों के साथ वक़्त बिताओ। वही सबसे असरदार इलाज होता..।'

'वाह..।'

'लेकिन हम मरीज की ग्बोबल वॉर्मिंग की चिन्ता का इलाज नहीं करते हैं। मेरे मुताबिक सवाल ये है कि क्या परवाह न करने की बीमारी का इलाज नहीं करना चाहिए। साफ़ तौर पर हमें ख़ुद को इस ख़तरे का आदी नहीं होने देना चाहिए। हमें इसे समझना चाहिए।'

इस मुलाक़ात की शुरुआत से ही डॉक्टर ने एना के साथ किसी बालिग जैसा बर्ताव किया था। और एना को यह अच्छा लगा था। डॉक्टर ने उसके साथ हमउम्र की तरह बातचीत की थी। बावजूद इसके, जब डॉक्टर ने एना से पूछा कि क्या वह पर्यावरण से जुड़े किसी संस्थान से है, तो एना सकपका गई। डॉक्टर के इस सवाल के लिए एना तैयार नहीं थी। लेकिन, गलती भी उसी की थी, आख़िरकार, इस चर्चा की शुरुआत भी तो एना ने ही की थी।

एना ने कहा कि जहाँ वह रहती है वहाँ कोई भी ऐसा संस्थान नहीं है। स्कूल, घर, गाड़ियाँ, बाइक और पार्टी—उसके गाँव में ज़िन्दगी इन्हीं चीज़ों के इर्द-गिर्द घूमती है।

'तुम जिस युवा लड़के के साथ आई हो क्या वह तुम्हारा भाई है?'

एना हँस पड़ी।

'नहीं, नहीं। उसका नाम जोनस है। *वह सिर्फ़ मेरा ब्वॉयफ्रेंड है।*'

एना को लगा कि उसने बड़े 'कूल' तरीक़े से जवाब दिया है।

डॉक्टर भी एना के साथ हँसने लगे।

'क्या पर्यावरण में जोनस की भी उतनी ही दिलचस्पी है जितनी तुम्हारी?'

एना बोली, 'वह मुझसे एक साल बड़ा है और बायोलॉजी, केमिस्ट्री और फिजिक्स पढ़ रहा है। तो बेशक वह दुनिया के बारे में भी सीख ही रहा है।'

'बिल्कुल'

'और ग्लोबल वॉर्मिंग अब सिर्फ़ विवाद का विषय नहीं रह गया है। या तो आप उसके बारे में जानते हैं या फिर नहीं जानते।'

'मैं तुमसे पूरी तरह सहमत हूँ, एना। मुझे हैरत होगी अगर नॉर्वे की पूरी आबादी का एक फ़ीसदी हिस्सा भी कॉर्बन बैलेंस के बारे में जानता हो!'

एना फूली न समाई। हाल ही में, जोनस के साथ वो कार्बन सन्तुलन पर चर्चा कर रही थी। 'क्या आप समझा सकते हैं कि कार्बन बैलेंस क्या होता है?' एना ने डॉक्टर बेंजामिन से पूछा।

डॉक्टर ने अपना कम्प्यूटर बन्द किया, मेज़ पर पड़े काग़ज़ों को किनारे किया और फिर वह एना की ओर मुड़े। उन्होंने कार्बन साइकल से शुरुआत की। डॉक्टर ने बताया कि कैसे पेड़-पौधे फ़ोटोसिंथेसिस के ज़रिए वातावरण से कार्बन डाइऑक्साइड खींचते हैं और वो कार्बन जीवधारियों से जुड़ जाता है। कार्बन डाइऑक्साइड वापस वातावरण में तब जाता है जब जीव साँस छोड़ते हैं या फिर फूल-पत्ते-सब्जी इत्यादि सड़ जाते हैं। कार्बन बैलेंस उस लाजवाब सन्तुलन का नाम है, जो ज्वालामुखी विस्फोट के ज़रिए वातावरण में आया था। कार्बन डाइऑक्साइड की मात्रा, हवा और मौसम के चलते इसके टूटने और फिर पृथ्वी की ऊपरी परत में समाने वाली मात्रा के बीच बना रहता है। सैकड़ों हज़ारों सालों तक यह सन्तुलन बना रहा, और इस पर इन्सानों

का असर बहुत कम था, इसीलिए कभी किसी ने इसकी परवाह नहीं की।

डॉक्टर बोलते रहे, 'तेल, कोयले और गैस में वह कार्बन जमा रहता है जो वातावरण से प्रकृति ने लाखों सालों के दौरान बाहर निकालकर जमा किया है। लेकिन, ये नाजुक सन्तुलन..।'

'...तेल, कोयले और गैस को जलाने की वजह से बिगड़ गया है।' एना ने डॉक्टर के मुँह से शब्द छीनते हुए कहा।

'मैं भी वही कहने वाला था। भले ही इन्सानी इस्तेमाल से पैदा होने वाला कार्बन डाइऑक्साइड प्रकृति में मौजूद गैस का बेहद छोटा अंश है, लेकिन, इस गैस को प्राकृतिक कार्बन डाइऑक्साइड की तरह धरती की ऊपरी परत में क़ैद नहीं किया जा सकता। इसी वजह से वातावरण में तेज़ी से कार्बन डाइऑक्साइड की मात्रा बढ़ रही है'

'और ये जमा होता जा रहा है,' एना ने कहा।

'वाकई। ये तुम भी जानती हो कि अगर हम ज़रूरत से ज़्यादा कैलोरी खाते हैं तो वज़न बढ़ जाता है। वातावरण में कार्बन डाइऑक्साइड के साथ भी यही मामला है।'

'और इसी वजह से धरती का तापमान भी बढ़ रहा है। वायुमंडल में जितना ज़्यादा कार्बन डाइऑक्साइड होगा, तापमान उतना बढ़ेगा। फिर बर्फ़ और हिमखंड गलने लगते हैं और इससे दिक़्क़त और बढ़ जाती है क्योंकि बर्फ़ सूरज की रोशनी को ख़ुद से टकराकर वापस भेज देता हैं। लेकिन, सागर और महासागर धूप को सोख लेते हैं और इससे गरमी और भी बढ़ने लगती है..।'

'तुम सही कह रही हो। इसे प्रवर्धित प्रतिक्रिया, यानी लगातार बढ़ता प्रभाव कहते हैं।'

'...और फिर ध्रुवीय बर्फ़ पिघलने लगती है। मीथेन गैस और कार्बन डाइऑक्साइड हवा में घुलने लगती है। मीथेन बहुत शक्तिशाली ग्रीनहाउस गैस है यानी एक ऐसी गैस जो सूरज की गर्मी को सोखने में बेहद कारगर

होती है। नतीजन, धरती का तापमान और बढ़ जाता है। अब पिघलने की बारी ग्रीनलैंड की है और अगला नम्बर शायद अंटार्कटिका का होगा।'

डॉक्टर बेंजामिन ने अपना हाथ ऊपर उठाया और एना समझ गई कि वो उसे रुकने का संकेत दे रहे हैं। लेकिन, वो इस मोक़े को हाथ से जाने नहीं देना चाहती थी। 'ये ग्रीन हाउस प्रभाव नियंत्रण से बाहर हो सकता है और बदतरीन हालात में दुनिया का तापमान छह से आठ डिग्री बढ़ सकता है। उस वक़्त तक धरती की सारी बर्फ़ पिघल जाएगी और समुद्र का स्तर दसियों मीटर बढ़ जाएगा... नॉर्वे की पौराणिक कथाओं में इस हालात के लिए ख़ास शब्द है—इसे *रैगनारोक* कहा गया है।'

एना की कहानी पूरी होने से पहले ही, अपने युवा मरीज को अलविदा कहने के लिए, डॉक्टर बेंजामिन अपनी कुर्सी से उठ चुके थे। लेकिन, एना के जाने से पहले उन्होंने कहा, 'तुम्हें और जोनस को अपने गाँव में प्रेशर ग्रुप बनाना चाहिए। यही तुम्हारे लिए सही रास्ता होगा। बतौर मनोचिकित्सक मुझे मालूम है कि चिन्ताओं से घिरे रहना कितना हानिकारक साबित हो सकता है, इसीलिए, मेरी यही सलाह होगी कि तुम अपने चुने हुए रास्ते पर आगे बढ़ो और कुछ कर दिखाओ।'

उन्होंने पॉकेट खँगाला और अपना बिज़नेस कार्ड एना को दिया।

'जब भी तुम्हें किसी भी मुद्दे पर बात करनी हो तो मुझे फ़ोन या ईमेल करने से झिझकना नहीं। अब मैं अकेले ही रहता हूँ और तुम कभी भी सम्पर्क कर सकती हो।'

जब वे दोनों प्रतीक्षा कक्ष में पहुँचे तो डॉक्टर ने जोनस और एना की माँ के साथ हाथ मिलाया। उन्होंने दोनों की आँखों में झाँककर कहा, 'मैं आप लोगों का शुक्रिया अदा करना चाहता हूँ कि आप एना को मेरे पास लेकर आए। वह हर किसी के लिए प्रेरणा का स्रोत है—आप बेहद ख़ुशक़िस्मत हैं कि आप ऐसे एक शख़्स के आस-पास हमेशा रहते हैं।'

एना की माँ को डॉक्टर का एक भी शब्द समझ नहीं आया, इसलिए,

वो बस मुस्कुरा भर दीं।

ओस्लो तक की ट्राम यात्रा के दौरान, माँ ने एना से पूछा कि डॉक्टर ने कान में तारे के आकार की ईयरिंग क्यों पहनी थी—जैसे कि ये बात एना को पता होगी। लेकिन, जोनस और माँ को डॉक्टर के साथ हुई बातचीत के बारे में तो मालूम नहीं था, इसलिए, एना ने एक रोचक कहानी सुना डाली, 'डॉक्टर ने सितारे वाली ईयरिंग इसलिए पहनी है क्योंकि वह जानते हैं कि तारे की परिक्रमा करने वाले एक बेहद नाजुक ग्रह पर हम रह रहे हैं। हर किसी को इस बात का अहसास नहीं होता है लेकिन जो यह बात समझते हैं वे अपने कान में बैंगनी ईयरिंग पहनकर घूम सकते हैं।'

जोनस और माँ दोनों एना को हैरत भरी निगाहों से देख रहे थे।

'अब आप ही सोचिए कि क्या कोई भी बालिग आदमी कान में ऐसी बाली पहनेगा अगर उसके पीछे कोई वाजिब वजह न हो।'

एना की माँ दोपहर वाली ट्रेन से वापस चली गईं, लेकिन, जोनस और एना ओस्लो की सैर करने के लिए रुक गए। दोनों बाँहों में बाँहें डाले, ओस्लो की सड़कों पर टहलने लगे। वे फ्रॉगनर पार्क गए, वहाँ से ब्रिग्गा गए और फिर ग्रिनसेन के इकोलॉजी सेंटर की भी सैर की, जहाँ नॉर्वे में पर्यावरण के लिए काम करने वाली कई संस्थाएँ स्थित थीं। घर वापसी के दौरान, ट्रेन में, दोनों ने अपनी संस्था की योजना बनाई। जोनस एना का साथ देने के लिए राजी हो गया।

उसकी ज़िम्मेदारी होगी संस्था से लोगों को जोड़ना। एना ने ये सुझाव इसलिए दिया था क्योंकि जोनस स्कूल का सबसे लोकप्रिय लड़का था और वह बिना किसी मेहनत के सारी लड़कियों को ला सकता था। जोनस ने हँसते हुए कहा, 'मुझे नहीं मालूम था कि इस गुट में सिर्फ़ लड़कियाँ ही होंगी।'

'बिलकुल नहीं। लेकिन, अगर तुमने सारी ख़ूबसूरत लड़कियों को मना लिया, तो लड़के अपने-आप आ जाएँगे।'

एना की ज़िम्मेदारी थी जानकारी देने की। इसलिए अपने सालगिरह से दो दिन पहले वह मेज़ पर ढेर सारे अख़बारों के साथ बैठी थी। हाल के दिनों में, अख़बारों में पर्यावरण से जुड़ी काफी ख़बरें छपी थीं, वजह–कतर में इस विषय पर एक बैठक असफल रही थी।

एना ने कैंची रखकर अपने मम्मी-पापा के साथ जाकर बैठ गई। टीवी पर कैप्टन कुक ताहिती के ख़ूबसूरत द्वीप से वीनस यानी शुक्र ग्रह का निरीक्षण कर रहे थे। शुक्र सूरज के सामने से गुज़रने वाला था और यह घटना इतनी अनूठी थी कि दोबारा ऐसा होने में सौ साल से भी ज़्यादा का वक़्त लग सकता था। कैप्टन कुक के दौर में यह ज़रूरी था कि शुक्र की इस यात्रा का अध्ययन अलग-अलग जगहों से किया जाए—उस वक़्त के खगोलशास्त्रियों के लिए सौर मंडल के आकार को जानने का यह इकलौता तरीक़ा था।

यूनानी दंतकथाओं में प्रेम की देवी, वीनस के नाम पर पड़े इस ग्रह का अध्ययन करने के लिए एक ब्रिटिश कैप्टन प्रशान्त महासागर के बेहद ख़ूबसूरत टापू पर जाए, यही अपने आप में रूमानी है। लेकिन, उस फ़िल्म के अनुसार कैप्टन कुक और उनके साथियों की रुचि प्रकृति से ज़्यादा वहाँ की औरतों में थी।

फ़िल्म ख़त्म हुई और उसके बाद शुरू हुआ शाम का समाचार–यूरोपीय यूनियन को नोबेल शान्ति पुरस्कार से सम्मानित किया गया। इक्कीस देशों के प्रमुख ओस्लो में इस समारोह के लिए जमा हुए थे, तो वहीं, दूसरी ओर केन्या और सोमालिया की सीमा पर नॉर्वे की एक समाज सेविका का अपहरण कर लिया गया था। उनका नाम एस्टर एँटोनसन था और वह विश्व खाद्य कार्यक्रम के साथ जुड़ी थीं।

एना ने अपने माता-पिता को गुड नाइट कहा और अपने क़मरे की ओर चल पड़ी। आज रात उसे अलार्म लगाने की ज़रूरत नहीं थी क्योंकि अगली सुबह उसे स्कूल नहीं जाना था। लेकिन, उसने जोनस से वादा

किया था कि वह सुबह उठते ही उसे फ़ोन करेगी।

यह वाकई ख़ास दिन था। उसे सुनिवा आंटी की अँगूठी मिली और मोबाइल फ़ोन भी तोहफे में मिला। यही नहीं, एना को जितने लेख और ख़बरें अख़बारों में मिलीं, उसने उन सब की कटिंग भी कर चुकी थी। और परसों वह सोलह साल की हो जाएगी।

वह क्या ख़्वाब देखने वाली है, ये सोचकर भी उत्साहित थी एना। वह जानती थी कि तकिए पर सिर रखते ही दूर किसी और दुनिया में चली जाएगी।

टर्मिनल

उसने अपनी आँखें खोलीं और उसका नाम था नोवा। सब कुछ अलग और नया था।

वह अपने बिस्तर से उठती है और उसकी आँखें रोशनी से चौंधिया गईं। वह रोशनी के उस स्रोत को पकड़ने की कोशिश करती है पर वह और भी तेज़ी से चमकने लगता है। उसके ऊपर लगी टर्मिनल स्क्रीन पर लिखा हुआ है शनिवार, 12 दिसम्बर, 2082।

जहाँ वह सोई हुई थी, उस क़मरे का आकार वह देख सकती है। दीवारों का रंग ख़ून जैसा लाल है। लकड़ी के फ़र्श से छत तक, लम्बी सी खिड़की बनी है और खिड़कियों के शीशों पर बारिश लगातार पट पट पड़ रही हैं।

टर्मिनल में बीप की आवाज़ होती है और उसी के साथ एक तस्वीर उभरती है। यह एक छोटे से बन्दर की है जिसकी आँखें तश्तरी जैसी हैं।

एक और जीव को विलुप्त घोषित कर दिया गया है। जंगलों से काफी वक़्त पहले ही ये ग़ायब हो गया था—दक्षिणी अमेरिका की कॉटन-टॉप टैमरिन का पारितंत्र पहले ही ख़त्म हो गया था। अब इस प्रजाति के आख़िरी प्रतिनिधि ने भी चिड़ियाघर की क़ैद में दम तोड़ दिया। बेहद दुखद!

मशीन से फिर से आवाज़ आई। दक्षिण अमेरिका से ही गोह की एक और प्रजाति भी विलुप्त हो गई थी।

ग़ुस्से के मारे उसके गाल जल रहे थे। लेकिन, वह बेबस थी—एक बार फिर मशीन जाग उठी और इस बार उसे हिरणों की एक प्रजाति की तस्वीरें दिखाई देती हैं। उसे भी, इसी क्षण, अन्तरराष्ट्रीय प्रकृति संरक्षण संघ (इंटरनेशनल यूनियन फ़ॉर द कंजर्वेशन ऑफ़ नेचर—आईयूसीएन) ने विलुप्त घोषित कर दिया। पिछली एक पीढ़ी में किसी ने भी अफ़्रीका के सवाना मैदानों पर हिरण, नू और जिराफ़ का झुंड नहीं देखा था। शाकाहारी जानवर ग़ायब हो रहे थे, मांसाहारी भी विलुप्त हो गए थे। कुछ प्रजातियाँ सिर्फ़ चिड़ियाघरों में पाई जाती थीं, लेकिन, अब वे जानवर भी लुप्त हो रहे थे।

उसने 'लुप्त प्रजातियाँ' ऐप काफी वक़्त पहले ही डाउनलोड कर लिया था। बेशक, वो किसी भी वक़्त उसे अनइंस्टॉल भी कर सकती थी। लेकिन, लुप्त और लुप्तप्राय प्रजातियों के बारे में जानकारी रखना वह अपना कर्तव्य समझती थी। वह हताश, निराश और बेहद ग़ुस्से में है, लेकिन वह कुछ नहीं कर सकती...बेबस।

जानवरों की सामूहिक विलुप्ति की सबसे बड़ी वजह है ग्लोबल वॉर्मिंग। दशकों पहले ही हालात इन्सानी नियंत्रण से बाहर हो गए थे। सिर्फ़ एक सदी पहले ही धरती बेहद ख़ूबसूरत जगह थी। लेकिन, पिछले सौ सालों में धरती की ख़ूबसूरती खो गई थी। अब धरती पहले जैसी कभी नहीं बन सकती। कई सालों पहले ही इन्सानों ने कार्बन डाइऑक्साइड बनाने वाली प्रक्रियाओं को छोड़ दिया था। लेकिन, जो गैस एक बार हवा

में घुल गई थी, उसे वापस नहीं लिया जा सकता था। धरती कई अहम पड़ावों को पार कर चुकी थी। अब इन्सान गर्मी को नहीं बढ़ा रहे थे। इस प्रक्रिया का संचालन अब धरती कर रही थी।

उसने अपनी स्क्रीन को छुआ और 'अर्थ कैम' ऐप सामने आ गया। अपने टर्मिनल को एक रिमोट कंट्रोल की तरह इस्तेमाल करते हुए उसने अपने क़मरे की छत पर तस्वीरों को प्रोजे़क्ट किया। वह उठ कर बैठ गई और अपने ग्रह का सर्वेक्षण करने लगी।

उत्तरी ध्रुव में मौसम कैसा है? उसने चमकदार और नीला आर्कटिक महासागर देखा। सारा क़मरा रोशनी से जगमगा उठा। आज कहीं कोई बर्फ़ नहीं दिखाई दे रही थी। हवा भी नहीं चल रही थी। सिर्फ़ सागर की लहरों से पता चल रहा था कि इसका सीधा प्रसारण हो रहा है। वह उस छोटी सी तैरती हुई तिरंडे को देख पा रही थी जिस पर क़ैमरा बंधा हुआ था। जंगलो में ध्रुवीय भालू को आख़िरी बार देखे कई साल बीत गए थे, हालाँकि, चिड़ियाघरों में अभी भी थोड़े भालू बचे थे।

प्रशान्त महासागर और हिन्द महासागर की स्थिति कैसी है? सैकड़ों प्रवाल द्वीप तो पहले ही डूब गए थे और उन्हीं के साथ कई देशों का भी सफाया हो गया था। अब सिर्फ़ ऊपर तैरते तिरंडों से ही पता चलता है कि कहाँ वो देश हुआ करते थे। कुछ तिरंडों पर तो चिन्ह भी बने हैं–मालदीव, किरीबाटी, तुवालू। शीशे की तरह साफ़ पानी की सतह से कुछ मीटर नीचे एना को नज़र आये उस सभ्यता के अवशेष–पुराने मन्दिर, मस्जिद और गिरजे। बीते हुए वक़्त की डूबी हुई सभ्यताएँ और अनोखी ख़ूबसूरत ज़मीन।

साइबेरियन टुंड्रा का क्या हाल है? वह उबल रहा है। वह उन्हीं जगहों को देखती है जिन्हें पहले भी देख चुकी हैं। छत पर तैरती तस्वीरों को बड़े गौर से देखती है। सोच रही है कि इस दलदल से मीथेन गैस निकल रही होगी। लोग कहते हैं कि इसका तापमान अभी और बढ़ने वाला है।

वह अपनी स्क्रीन छूती है और उपग्रह से नवीनतम तस्वीरें सामने आती हैं। पृथ्वी धीरे-धीरे घूमती है। क्या महाद्वीप पहले से छोटे नहीं नज़र आ रहे हैं? क्या कई और तटीय शहर व क़स्बे ग़ायब नहीं हुए हैं? ग्रीनलैंड और अंटार्कटिका के हिमखंड निश्चित रूप से पिछले साल के मुकाबले छोटे हुए हैं।

जहाँ वह रहती है वहाँ स्थिति कैसी है? वह हार्डैंगर पठार की तस्वीरें देखती है। सर्दियाँ आने वाली हैं लेकिन भूर्ज के पेड़ों पर अभी भी कुछ पत्तियाँ दिखाई दे रही हैं। सीगल और कौवे पेड़ों के ऊपर उड़ रहे हैं। वह हीथ और जंगल के फ़र्श को ज़ूम करती है। पेड़ों के बीच एक जंगली चूहा नज़र आता है और फिर एक लोमड़ी उस चूहे का शिकार करती हुई दिखाई देती है।

अभी भी प्रकृति का कुछ हिस्सा मौजूद है। लेकिन, इसकी दशा किसी शानदार दावत में बचे हुए खाने से ज़्यादा नहीं है। जो वह देख रही है, वाकई लाजवाब है पर इस नजारे से भटकने वाली नहीं है। प्राकृतिक परिवेश में रहना उसका हक़ है। लेकिन, ऐसी प्रकृति नहीं चाहती जिसमें 'स्विस चीज़' की तरह छेद ही छेद हो।

वह तय करती है कि अब सिर्फ़ इस सदी की शुरुआत में खींचीं हुई तस्वीरों को ही देखेगी। ऐसा करने में कुछ सेकेंड ही लगेंगे। वह अपने ऐप में कट-ऑफ़ तारीख़ 12 दिसम्बर, 2012 डालती है, यानी उसे इस तारीख़ के पहले की तस्वीरें देखनी हैं। अब वो केवल उन्हीं वेबसाइटों को डाउनलोड कर सकती है जो इस तारीख़ के पहले चल रहे थे। 12 दिसम्बर, 2012 से पहले दुनिया के कई हिस्से बेहद ख़ूबसूरत थे। वो आईयूसीएन ऐप को बन्द कर देती है। कल सुबह जब वो दुबारा इस ऐप को चालू करेगी, तब बिना उसकी इज़ाज़त के ये ऐप किसी भी विलुप्त प्रजाति के बारे में उसे नहीं बता पाएगा। 12 दिसम्बर, 2012 की तारीख़ को उसने सोच समझकर चुना था। वह जानती थी उसी तारीख़ के

आस-पास ही पारितंत्र चरमराने लगे थे। साथ ही, इसी तारीख़ को उसकी परदादी ने अपनी सोलहवीं सालगिरह मनाई थी।

वह आर्काइव खंगालती है और बन्दरों के वीडियो देखने से शुरुआत करती है। जैसे ही बौने चिम्पांजी को देखती है तो उसमें ख़ुशी की लहर दौड़ जाती है। वे इतने अनोखे हैं कि वह हँसे बिना रह नहीं पाती। जानवर हैं लेकिन उनकी हरकतें इन्सानी हैं। हर एक का अपना अलग व्यक्तित्व है। छोटे चिम्पांजी इन्सानी बच्चों की तरह खेल-कूद करते हैं। सोचिए, बस चन्द साल पहले तक ये लाजवाब प्राणी धरती पर घूमा करते थे। चिम्पांजी के बाद बारी गोरिल्ला की है। ये जीव इन्सान और जानवरों के बीच की सबसे अहम कड़ी हैं। वीडियो में गोरिल्ला बेहद निराश नज़र आ रहे हैं, शायद, उन्हें आने वाली आपदा का अहसास हो गया था। अब वे हमेशा के लिए चले गए हैं। लाल ओरांगउटान के बारे में एक-दो वीडियो देखती है। ये जीव बोर्नियो और सुमात्रा के रहवासी हैं। वीडियो में एक मादा ओरांगउटान अपने नवजात बच्चे को दूध पिला रही है। शायद, यह जंगल में पैदा होने वाला आख़िरी ओरांगउटान था...

जब नोवा की परदादी बच्ची रही होंगी तो उन्होंने भी इन्हीं वीडियो को देखा होगा। आख़िरकार, उन्हीं के जीवनकाल में इनको फ़िल्माया गया था। नाना ने तो उन लोगों से भी बातचीत की थी जो अफ़्रीका में सफ़ारी पर गए थे और अपनी आँखों से इन जीवों को उनके प्राकृतिक परिवेश में देखा था। अब ऐसा नहीं हो सकता। अब इन्सान उन्हीं चिम्पांजी या गोरिल्लों को देख सकते हैं जो चिड़ियाघरों में बन्द हैं। एना की पीढ़ी आख़िरी पीढ़ी थी जिसने इन जानवरों को जंगलों में देखा था।

वह वीडियो देखती रहती है। इस बात से ख़ुश हैं कि उसके पास इतिहास को जानने के लिए हज़ारों बेमिसाल वीडियो मौजूद हैं। बीबीसी की एक फ़िल्म देखती है, जिसे डेविड एटेनबोरो ने पेश किया था। बीते हुए दिनों की ख़ूबसूरत दुनिया को नोवा मंत्रमुग्ध होकर देखती है।

वो प्रवालभित्तियों पर भिनभिनाते अनगिनत जीवों को देखती है। उसे घोंघे, झींगे, समुद्री घास, कछुए और रंग-बिरंगी मछलियाँ दिखाई देती हैं। ऐसा लगता है कि ईश्वर ने हर एक जीव को अपने हाथों से रंगा था। लेकिन नोवा जानती है कि वह जिन जीवों को देख रही हैं लगभग सारे विलुप्त हो गए हैं। अब न ही प्रवालभित्तियाँ हैं और न ही वहाँ बसने वाले जीव-जन्तु। समन्दर का पानी बहुत ज़्यादा तेज़ाबी हो गया है—सौ साल से ज़्यादा समय के लिए इस पानी को लाखों-करोड़ों टन कार्बन डाइऑक्साइड का घूँट पीना पड़ा। ये ऐसा था, जैसे कोई दानव आज़ाद हो गया था जिसने इस ख़ूबसूरत दुनिया को ख़त्म करने की ठान ली थी। *बस, बहुत हो गया। इन सभी ख़ूबसूरत प्रजातियों को मरना होगा!*

एक बार फिर वह स्क्रीन देखती है और उसे वो जगहें दिखाई देती है जहाँ कभी एमेज़ॉन के विशाल बरसाती जंगल हुआ करते थे। वह तितलियों के बारे में एक पुरानी फ़िल्म देखती है। उनके हैरतअंगेज रंगों को देखकर उसके रौंगटे खड़े हो जाते हैं। पर वह इस तथ्य से अनजान नहीं है कि अब ज़्यादातर तितलियाँ सिर्फ़ कम्प्यूटर की स्क्रीन पर ही बसती हैं।

आज से पहले कभी इतनी सारी प्रजातियाँ क़ैमरे पर नहीं दिखाई दी थीं। लेकिन, विडम्बना देखिए कि आज से पहले कभी इतनी कम प्रजातियाँ धरती पर नहीं थीं।

इस सदी की शुरुआत में अख़बारों में लिखे गए लेखों को वह पढ़ती है। वे लेख अब भी जस के तस हैं—वही शब्द और तस्वीरें। एक लेख कहता है—'हम आने वाली पीढ़ी को एक ऐसी दुनिया विरासत में नहीं दे सकते हैं जो हमें मिली दुनिया से कहीं ज़्यादा बर्बाद हो...' वो एक और लेख को खोलती है : 'मैं अपने पोतों और पर-पोतों की दुनिया की कल्पना कर सकती हूँ। उनके पास न तो संसाधन होंगे, न ईंधन और न ही जैव विविधता...'

वह निराशा से अपना सिर हिलाती है। चेतावनी की तो कोई कमी

नहीं थी।

वह सोचती है कि क्या नाना ने इस बारे में कभी कुछ लिखा था। अगर मौजूदा फिल्टर के साथ वह सर्च करती है तो उसे वे लेख मिल सकते हैं जो नाना ने अपनी सोलहवीं सालगिरह से पहले लिखा होगा। वह सर्च बॉक्स में एना नायरुड टाइप करती है। अलग- अलग वेबसाइट पर जाकर सर्च करती है और आख़िरकार उसे एक लेख मिल ही जाता है। वह एक ख़त है नोवा के लिए!

प्यारी नोवा!उसके रौंगटे खड़े हो जाते हैं। मुझे नहीं मालूम कि दुनिया कैसी होगी जब तुम्हें ये ख़त मिलेगा, लेकिन, तुम जानती हो...

यह कैसे सम्भव है? ख़त पर तारीख़ 11 दिसम्बर, 2012 लिखी है, यानी नाना के सोलहवें जन्मदिन से ठीक पहले। लेकिन, नाना कैसे नोवा को ख़त लिख सकती थी जो उनसे पचास साल बाद पैदा हुई थी?

नोवा अपने फिल्टर पर पड़ी तारीख़ों की जाँच करती है। उनमें कोई छेड़छाड़ नहीं हुई है। टर्मिनल पर 12 दिसम्बर, 2012 के बाद की कोई भी चीज़ नहीं दिखाई दे रही है।

नाना को कैसे मालूम हो सकता है कि उसकी पर-पोती का नाम नोवा होगा? क्या वह भविष्य को देख सकती थीं?

क्या वह भी ऐसा कर सकती है?

नोवा अपने बिस्तर से उठकर क़मरे के दूसरे छोर पर जाती है। वह स्क्रीन को बन्द कर, एक ऑडियो रिकॉर्डिंग चलाती है। इसे भी सदी की शुरुआत में बनाया गया था।

एक आदमी की आवाज़ गूँज उठती है, '...अट्ठारहवीं सदी के अन्त से ही जीवाश्म ईंधन ने अलादीन के जिन्न की तरह हमें ललचाना शुरू कर दिया था। "मुझे आज़ाद करो," कार्बन ने इन्सान के कानों में फुसफुसाकर कहा। हम उसके जाल में फँस गए और तब से हम इस जिन्न को वापस चिराग में डालने की कोशिश में जुटे हैं।'

खिड़की पर बारिश की पटपट से उसका ध्यान टूट गया। तिरछी छत के नीचे बैठी नोवा खिड़की से बाहर बारिश में देखने की कोशिश करती है। बहुत पहले वादी में पेट्रोल पम्प हुआ करता था—उसके अवशेष आज भी वहीं हैं। अब शायद ही कोई गाड़ी वहाँ से गुज़रती होगी, लेकिन, ऊँट पर बैठे अरबों का कारवाँ अक्सर दिखाई देता है। उत्तरी अफ्रीका और मध्य-पूर्वी एशिया अब रहने लायक नहीं रह गए और शरणार्थी नॉर्वे के उत्तरी पश्चिम तट पर आकर बसने लगे हैं।

वह झुकती है और खिड़की के शीशे पर अपने चेहरे को टिका देती है। अब उसे बेहतर दिखाई दे रहा है। नीचे, बारिश में, सामान से लदे तीन ऊँटों के बग़ल में लोगों का छोटा जत्था खड़ा है। उन्होंने आग जलाई है जहाँ से धुआँ ऊपर उठ रहा है...

नीली रोशनी

सायरन की आवाज़ ने एना की नींद तोड़ दी। किसी तरह एना ने जब अपनी आँखें खोलीं तो उसने देखा कि नीली रोशनी से उसका क़मरा जगमगा उठा है। पर वह उठना नहीं चाहती थी, उसे उठना नहीं था। जो सपना वह देख रही थी बेहद अहम था और उसका उस दुनिया में वापस लौटना ज़रूरी था।

लेकिन, ऐसा पहली बार नहीं हो रहा था कि एना की नींद सायरन की वजह से टूटी हो। कुछ हफ्ते पहले, जोनस रात में रुका था और तकियों वाले क़मरे में सो रहा था। उस क़मरे को तकियों वाला क़मरा इसलिए कहा जाता था क्योंकि वहाँ रखे सोफे पर सिर्फ़ तकिये ही तकिये लदे रहते थे। उन तकियों के गिलाफों पर सुनिवा आंटी ने परी कथाओं की कढ़ाई की थी। जब एना बहुत छोटी थी तो उसके माता-पिता कहानियाँ सुनाते थे

और उसकी कल्पना में वो आकृतियाँ जीवित हो उठती थीं।

लेकिन, जिस रात जोनस उस क़मरे में सो रहा था, बीच रात सायरन की आवाज़ से पूरा घर जाग उठा था। गाड़ियाँ एना के घर के सामने से सिर्फ़ गुज़री नहीं थीं, बल्कि, वहीं आकर रुक गई थीं। एना और जोनस ख़ुद-ब-ख़ुद उठ गए और रात के अँधेरे में सीढ़ियों पर लगभग एक दूसरे से टकराने वाले थे। कुछ पल बाद, एना के मम्मी-पापा भी उनके साथ भागते हुए सीढ़ियों से नीचे आ गए।

घाटी के दोनों तरफ़ से कई और गाड़ियाँ आ रही थीं–पुलिस, एँबुलेंस, दमकल की गाड़ियाँ। सायरन की कौंधती नीली रोशनी में उन्हें उस टैंकर का ख़ाका नज़र आया जो फिसलन वाली सड़क पर पलट गया था। पुलिस ने उन्हें टैंकर के और क़रीब जाने से रोका और थोड़ी देर बाद घेराबन्दी भी कर दी। उन्हें बाद में पता चला कि वहाँ आग और विस्फोट का ख़तरा था क्योंकि उस टैंकर में हज़ारों लीटर पेट्रोल भरा था। जब पुलिस अफसर ने चीखकर उनसे पीछे जाने के लिए कहा, तब तक, दमकल कर्मचारियों ने आग से बचाने के लिए टैंकर को फेन से ढक दिया।

एना, जोनस और उसके मम्मी-पापा पीछे मुड़े और थोड़ी दूर जाकर खड़े हो गए। पहले वो घर के बगीचे से पूरी कार्रवाई देखते रहे, फिर एना जोनस के साथ रसोई में जाकर बैठ गई और रेडियो सुनने लगी, मम्मी ने दोनों के लिए गर्म चॉकलेट बनाई और पापा अंगीठी के सामने बैठकर अपना पाइप पीने लगे..।

लेकिन इस बार एना ने सायरन को उसकी नींद छू-मंतर करने का मौक़ा नहीं दिया। वह किसी और दुनिया में थी और एक मिशन पर थी।

परदादी

किसी ने दरवाज़े पर दस्तक दी, ऐसा लगा जैसे कोई शख़्स धीमे से क़मरे के अन्दर आ गया हो। नोवा पीछे मुड़ती है और नाना को देखती है। नाना ने नीले रंग का किमोनो (जापानी पोशाक) पहना है।

नोवा अपने बिस्तर पर उठकर बैठ जाती है और उस बूढ़ी औरत को बड़े ध्यान से देखती है। बेशक वह उन्हें पहचान लेती है, पर साथ ही उसे कुछ रहस्यमयी, कुछ अनजानी सी चीज़ का आभास भी होता है। नाना का चेहरा सिकुड़ गया है और झुर्रियों से ढक गया है। आज नाना का जन्मदिन है। आज वह छियासी साल की हो गई हैं।

लेकिन, उनके बारे में कुछ तो अलग है। नोवा के भीतर सिहरन सी दौड़ जाती है। ऐसा लग रहा है कि कोई भी अगली साँस नाना की आख़िरी साँस हो सकती है।

नाना ने रूबी वाली अँगूठी पहनी हुई है। नोवा जानती है कि यह अँगूठी और तेज़ी से ख़त्म होती नाना की साँसें एक दूसरे से जुड़ी हुई हैं। ऐसा लगता है कि नाना किसी बीते हुए वक़्त से आई हुई दूत हैं। वह अगूंठी को छूते हुए कहती हैं, 'तुम इस रूबी के बारे में सोच रही हो न, नोवा?'

नोवा हामी भरती है। मानो नाना नोवा का मन पढ़ सकती हों।

नाना लकड़ी की एक कुर्सी खींचकर ठीक उसके सामने बैठ जाती हैं।

'आज मैं तुम्हें उन पंछियों के बारे में बताऊँगी जो मेरे जमाने में पहाड़ों में बसते थे। आज भी मेरे कानों में सुनहरे प्लोवर की आवाज़ गूँज रही है।'

नोवा के मन में छटपटाहट होती है। क्या उसे यह सब सुनने की ज़रूरत है? क्या उसे इस बूढ़ी औरत की बातों को सुनना चाहिए?

'आप को मुझे कुछ बताने की ज़रूरत नहीं है,' नोवा कहती है। उसकी आवाज़ में कड़वाहट झलकने लगती है। 'मुझे सिर्फ़ ये जानना है कि उन पंछियों को हम वापस कैसे ला सकते हैं?'

वह नाना की ओर ताक़ती है। उस बूढ़ी औरत के चेहरे पर उदासी छा जाती है। या फिर पछतावा था। शायद पछतावा ही था।

लेकिन नोवा कोई रहम नहीं दिखाती।

'मुझे बन्दर, शेर और बाघ भी चाहिए। मुझे सब कुछ वापस चाहिए। आपको समझ क्यों नहीं आ रहा है? मुझे नॉर्वे में भालू और भेड़िये वापस चाहिए। और वो अनोखा समुद्री तोता भी—उसका नाम क्या है? पफिन... हाँ पफिन। और पनमुर्गी के बारे में मत भूलिएगा। मुझे बेयरबेरी, अल्पाइन स्पीडवेल, ग्लेशियर बटरकप और बौने धुनकी जैसे पेड़-पौधे भी चाहिए। क्या आपको मालूम है कि ड्वार्फ विलो एक तरह की झाड़ी है बावजूद इसके कि वो कभी पाँच सेंटीमीटर से ज़्यादा बड़ा नहीं होता? क्या ये

तथ्य आपने ही मुझे बताया था?'

वह बूढ़ी औरत कुछ कहने के लिए अपने कन्धे ऐंठती है।

'लेकिन नोवा..।'

'क्या आपको मालूम है कि मुझे क्या चाहिए? या मैं आपको बताऊँ? मुझे विलुप्त हुए दस लाख पेड़-पौधे और जानवर वापस चाहिए। न उससे ज़्यादा, न कम, नाना। मैं नल से साफ़ पानी पीना चाहती हूँ। मुझे नदी में मछली पकड़ने जाना है। और मैं इस चिपचिपी ठंड से छुटकारा पाना चाहती हूँ।'

'नोवा सुनो तो सही, नोवा'

'मैं सिर्फ़ वह दुनिया चाहती हूँ जो आपके पास थी। क्या आप जानना चाहती हैं कि मुझे वो सब क्यों चाहिए? क्योंकि वो मेरा हक़ है।'

'नोवा अब बस करो!'

'या आप ये चाहती हैं कि मैं आपको वापस जंगलों में भेज दूँ? मुझे मेरी दुनिया वापस कर दीजिए। मुझे हारडैंगर पठार, जॉटुनहायमन और रॉनडेन में बारहसिंगो के झुंड वापस दे दीजिए। अगर आप के बस में यह सब नहीं है, तो मुझे अकेला छोड़ दीजिए।'

'लेकिन नोवा..।'

'आप जानना चाहती हैं कि मुझे और क्या चाहिए? मैं चाहती हूँ कि इस ग्रह पर बसने वाले सभी जीव-जंतुओं को जीने का दोबारा मौक़ा मिले। क्या मैं बहुत ज़्यादा माँग रही। हो सकता है कि आपको लगे कि मैं वैसा कर रही हूँ जैसा उन निशानेबाजी प्रतियोगिताओं में होता है जहाँ पहला निशाना चूक जाने पर एक मौक़ा और मिलता है। आप सिर्फ़ मुझे मेरी दुनिया लौटा दीजिए, बस। कितना अच्छा होता अगर लोग पछताने की जगह, अपने आप को सुधारना सीख जाते। मेरी प्यारी नाना, आप बस मुझे मेरे जानवर और पेड़ लौटा दीजिए। फिर हम पंछियों के गाने के

बारे में जी भरकर बात करेंगे।'

पल भर के लिए नोवा और नाना की आँखें मिलीं। उनकी आँखें कांप रही हैं। उनमें डर और दर्द झलक रहा है। लेकिन, नोवा कहती रहती है : 'मैं ये क्या बकवास कर रही हूँ? अब तो कुछ भी बदलना नामुमकिन है। हम पीछे नहीं लौट सकते। यह सही हैं न, नाना? या फिर आप मुझे बताने जा रही हैं कि आपके पास कोई जादुई चिराग वाला जिन्न है?

नाना को कुर्सी पर सीधा बैठने में दिक़्क़त होती है। वो सहमी हुई हैं मानो जैसे उनकी परपोती किसी भी वक़्त उन पर हाथ उठा सकती हो। बन्द मुट्ठी के साथ। बहुत ज़ोर से।

लेकिन, वो बूढ़ी औरत कहती है : 'हाँ, मेरी प्यारी नोवा। मैं वैसा ही कुछ कहती।'

'क्या?'

वह बूढ़ी औरत अपनी रहस्यमयी रूबी को सहलाती हैं। वह नज़रों में ख़्वाब भरकर अपनी परपोती को देखती हैं।

'शायद, दुनिया को एक और मौक़ा मिल सकता है..।'

नाना सठिया गई हैं। क्या बकवास कर रही हैं। लेकिन, वह इतने विश्वास के साथ ये कहती हैं कि नोवा की दिलचस्पी जाग उठती है।

'आप कहना क्या चाहती हैं?' नोवा फुसफुसाती है, 'आप करिश्मा कर सकती हैं?'

नाना की आँखों में अलग सी चमक है। वह अपना सिर हिलाती हैं और फिर अपने आपको मुस्कुराने से रोक नहीं पातीं।

अब दोनों में दोस्ती हो गई है। नाना भी कभी सोलह साल की थी। हर कोई उस उम्र से गुज़रता है।

पर वो कर क्या सकते हैं? वह अपनी लाल दीवारों को देखती है और फिर नीले किमोनो में नाना को : 'शायद हम चीखकर गुज़री हुई पीढ़ियों

को संवेदनशील बनने को कह सकते हैं? बस हमें ज़ोर से चीखना होगा ताकि वे हमें सुन पाए।'

नाना अपना सिर हिलाती हुई कहती हैं, 'ये नामुमकिन है। पर मेरे पास एक और रास्ता है।'

'बताइए। बताइए। क्या ये कोई तिलस्मी तरीक़ा है?'

'मुझे नहीं मालूम, बच्ची। शायद, ये दुनिया का सबसे कुदरती तरीक़ा है।'

नोवा के चेहरे पर मुस्कान छा जाती है। 'मुझे लगता है कि मैं समझ गई हूँ,' वो कहती है, 'आप हमसे पहले रहने वाली पीढ़ियों से सम्पर्क स्थापित करेंगी ताकि आप उन्हें चेतावनी दे पाएँ। आप उन्हें दिखाएँगी कि भविष्य कैसा दिखेगा अगर उन्होने प्रकृति का शोषण करना बन्द नहीं किया तो। नाना, क्या आप ऐसा करने वाली हैं'

नाना रहस्यमयी तरीक़े से अपना सर हिलाती हैं।

पर फिर नोवा इसके बारे में गहराई से सोचने लगती है। वह बिस्तर से उतरकर खिड़की से बाहर देखती है। सड़क पर अभी भी ऊँटों और लोगों का डेरा खड़ा है।

'ये नामुमकिन है,' वह उसाँस छोड़ती है, 'प्रकृति इस हाल में नहीं है कि उसे सुधारा जा सके—हम वहाँ तक पहुँच चुके हैं जहाँ से पीछे नहीं लौट सकते।'

'क्या तुम्हें पक्का यक़ीन है?' नाना लुभावने ढंग से मुस्कुराते हुए कहती हैं। वह फिर से रूबी के साथ खेल रही हैं।

'क्या ये रूबी कुछ करिश्मा कर सकती है?' नोवा अपनी प्यारी नाना को पूछती है। 'क्या ये पत्थर हमें हमारे रेन्डियर लौटा सकता है?'

नाना फिर से हामी भरती हैं और उनकी परपोती हँसने लगती है।

'मुझे भी ऐसा ही लग रहा था,' नोवा कहती है। 'मुझे हमेशा से लगता था कि ये पत्थर तिलस्मी है।'

नोवा सोचती है कि वह और क्या-क्या माँग सकती है : 'क्या मुझे चील और उल्लू भी मिल सकते हैं? एक-दो भी होंगे तो भी चलेगा। हाँ, ऊदबिलाव और चितकबरी नीली तितली भी।'

अब नोवा रोके नहीं रुकने वाली थी। उसकी कल्पना इतनी तेज़ दौड़ रही है कि उसे चक्कर आने लगा। ये वाकई एक लाजवाब पल था। किसी भी क्षण उसकी सारी ख्वाहिशें पूरी होने वाली थीं। वह अपने आप को संभालती है।

'क्या मैं जीव-जंतुओं की खोई हुए दस लाख प्रजातियों को वापस ला सकती हूँ?'

'हाँ, मेरी प्यारी बच्ची। हाँ।'

और उनके घर भी वापस आएँगे? सिर्फ़ जानवर या पौधों को अकेले नहीं बचाया जा सकता। उन्हें जीने के लिए एक दूसरे की ज़रूरत है। अगर उन्हें बढ़ाना है तो वर्षा वनों को भी वापस लाना होगा, समुद्र के तेज़ाबीपन को भी पलटना होगा, पहाड़ी तापमान को नीचे लाना होगा और अफ्रीकी मैदानों को सींचना होगा। आपको तो ये सब मालूम ही होगा—आप बेवकूफ नहीं हैं, सही में... क्या ये वाकई मुमकिन है?'

नाना अँगूठी को अपने दूसरे हाथ से पकड़ लेती हैं। फिर गम्भीर आवाज़ में बात करने लगती हैं। उनकी आवाज़ किसी जादूगरनी जैसी सुनाई देती है। 'बहुत ज़ल्द तुम्हें वही पुरानी दुनिया मिल जाएगी, लेकिन, तुम्हें वादा करना होगा कि तुम उसकी देखभाल करोगी। यह हमारा आख़िरी मौक़ा है। हमें बेहद सतर्क रहना होगा। *इसके बाद और कोई मौक़ा नहीं मिलेगा।*'

नाना की आवाज़ में कुछ तो अजीब था। ऐसा लग रहा था कि उनके शब्द किसी तहखाने या गुफा से आ रहे थे।

पर अभी उनकी बात ख़त्म नहीं हुई थी : 'हम सत्तर साल बाद दुबारा मिलेंगे। और तब हिसाब देने की बारी तुम्हारी होगी।'

नोवा की ख़ुशी की कोई सीमा नहीं थी। यह इस ब्रह्मांड का सबसे बड़ा करिश्मा लग रहा था।

उसका क़मरा अचानक घूमने लगता है और जब नाना मुस्कुराती हैं तो उनकी शक्ल किसी बच्चे जैसी नज़र आती है— अपनी उम्र की किसी औरत के मुकाबले बच्ची जैसी ज़्यादा दिखती हैं। कुर्सी पर ऐसे बैठती हैं मानो वो अपनी अन्तिम साँसें ले रही हों। फिर टूटी हुई आवाज़ में गाना गाने लगती हैं। ऐसा लगता है जैसे कि कोई जादुई मंत्र पढ़ रही हों।

'सारे पंछी आओ, आ जाओ। कोयल, सारंग, सारिका और तीतर.... तुम्हारे चहचहाने से गूँज उठे ये अम्बर। शीत और ठंड हो जाओ छू-मन्तर। धूप और रोशनी से चमक उठे हर मंज़र।'

लाल बक़्से

एना हड़बड़ाकर नींद से उठ गई। क़मरे में अजीब सी महक़ छाई थी। उसने अपने बिस्तर के बगल में रखा टेबल लैंप जलाया और दीवारों, और क़मरे की तिरछी नीली छत को देखने लगी।

वह सपना देख रही थी..।

कितना अजीब सपना था, कितना रहस्यमयी लेकिन उम्मीदों से भरा हुआ।

भविष्य में थी वह, इसी क़मरे में, लेकिन, दीवारों का रंग नीला नहीं बल्कि लाल था और छत पर एक बड़ी सी स्क्रीन थी।

उसे बाहर चिड़ियों की चहक़ने की आवाज़ें सुनाई दीं। जब मौसम अच्छा हो तो सर्दियों में भी ये पंछी चहचहाते हैं। लेकिन फिर उसे पेट्रोल पम्प से गाड़ी के इंजन की गड़गड़ाहट सुनाई दी। किसी ने ज़ोर से गाड़ी का दरवाज़ा बन्द किया। फिर पश्चिम से गाड़ी की आवाज़ आई। फिर

तेज़ी से जाती हुई एक और गाड़ी का शोर सुनाई दिया।

वह रूबी वाली अँगूठी छूने लगी। ये विरासत उसके परिवार में सौ से ज़्यादा सालों से थी। उसकी सुनिवा आंटी अपने मंगेतर के साथ अमेरिका चली गई थीं, पर मंगनी के चन्द हफ्तों बाद ही उनके मंगेतर की रहस्यमय परिस्थितियों में मिसीसिपी में डूबकर मौत हो गई थी।

एना के परिवार ने उस अँगूठी को 'प्राचीन विरासत' का नाम दिया था, मानो उसमें कोई जादुई ताक़त हो जो उनके जाने के बाद भी जीवित रहेगी। अब उस अँगूठी की हिफाजत की ज़िम्मेदारी एना की थी। उससे पहले ये अँगूठी एना की दादी के पास थी, पर पिछले साल ही वो चल बसीं। दादी को यह अँगूठी एना की परदादी की बहन सुनिवा आंटी से मिली थी, जिनकी कोई संतान नहीं थी।

एना के सपने में यह अँगूठी का अहम किरदार थी...

सपने में उसका नाम नोवा था और उसकी परदादी का नाम था एना, जिनका जन्म उसी तारीख़ को हुआ था जो उसका जन्मदिन था। आज तारीख़ थी 11 दिसम्बर 2012 और कल एना की सोलहवीं सालगिरह थी।

परदादी या नाना ने अपनी उंगली पर यही अँगूठी पहनी थी, जो अभी एना की उंगली में थी। ख़्वाब में एना ख़ुद की परपोती थी और उसी की आँखों से परदादी की तरह ख़ुद को देख रही थी।

सपनों की ऐसी उड़ान एना के लिए कोई नई बात नहीं थी। एक बार उसने ख़ुद को नेपोलियन बोनापार्ट की तरह देखा था, तो एक बार बत्तख। लेकिन, क्या यह सपना सिर्फ़ सपना ही था? एना इस बारे में यक़ीन से कुछ नहीं कह सकती। उसका सपना बिल्कुल वास्तविक और जाना-पहचाना लग रहा था...सिर्फ़ उस वक़्त ही नहीं, बल्कि अब भी, जबकि वह पूरी तरह जाग गई थी।

नोवा की दुनिया में प्राकृतिक आवास बर्बाद हो गए थे, और हज़ारों जीव-जन्तु विलुप्त हो गए थे। हताशा और क्रोध से भरी हुई नोवा ने अपनी

परदादी से वही दुनिया वापस माँगी थी जिसमें वह रहा करती थीं। फिर एक करिश्मा हुआ है और वक़्त पीछे मुड़कर सदी की शुरुआत पर थम गया। सत्तर साल पीछे जाने का अहसास अभी भी एना को हो रहा था। एना और पूरी दुनिया को एक मौक़ा और मिला था, और रहस्यमय तरीक़े से, ये सारी चीज़ें उस अँगूठी से जुड़ी थीं।

आज का दिन कैसा होगा! एना को ऐसा महसूस हो रहा था जैसे कि वह किसी नए युग के कगार पर खड़ी है। हर चीज़ नए सिरे से शुरू की जा सकती थी। हर भूल-चूक को माफ़ कर दिया गया था और दुनिया बिलकुल नई थी। सारे विलुप्त पेड़ों और जानवारों का दोबारा जन्म हुआ था। दस लाख प्रजातियाँ अपने घरों में वापस लौट आई थीं।

पर उन प्रजातियों पर अभी भी ख़तरे के बादल मंडरा रहे थे। डराने वाले रिपोर्ट्स की कोई कमी नहीं थी। पर धरती की जैव-विविधता को अभी भी बचाया जा सकता था। दुनिया को वाकई एक और मौक़ा मिला था।

उसे वह ख़त याद आया जो नोवा को ऑनलाइन मिला था। जिसे उसने सपने में अपनी परपोती के लिए लिखा था, उसके जन्म से सालों पहले। लेकिन, उस ख़त में लिखा क्या गया था?

वह झट से बिस्तर से उठकर, दो छलांग लगाकर अपने कम्प्यूटर के सामने बैठ गई। यह ठानती है कि दूसरे ख़यालों से अपने आप को भटकने नहीं देना है। उसे पूरा ध्यान चिट्ठी में लिखे शब्दों को याद करने पर केन्द्रित करना था।

वह टाइप करती है : *जब तुम्हें ये ख़त मिलेगा, तब दुनिया कैसी दिखेगी, मैं ये नहीं जानती, लेकिन तुम जानती हो। तुम जानती हो कि किस तरह मौसम में बदलाव आया, किस तरह प्रकृति का विनाश हुआ और शायद कौन-कौन सी प्रजातियाँ विलुप्त हो गईं...*

उसे इससे ज़्यादा याद नहीं था। ख़त काफी लम्बा था और एना ने

सोचा शायद बाद में उसे बाक़ी हिस्सा याद आ जाए। उसने उस फाइल का नाम 'नोवा को खत' रखा और 'सेव' कर दिया।

एना खिड़की से बाहर देखने लगी और उसे अहसास हुआ कि बाहर धूप खिली है। यह बेहद अच्छी ख़बर थी क्योंकि आज उसकी छुट्टी है और अभी उसने अभी तय नहीं किया था दिन भर क्या करने वाली है। सूरज अभी भी अंगड़ाई ले रहा था और पहाड़ों पर लम्बी-लम्बी परछाइयाँ बना रहा था, लेकिन, आज को अभी इन्तज़ार करना पड़ेगा। वह अभी भी अपने सपनों में खोई हुई थी। ऐसा लग रहा था कि वह अभी भी सपने की उस कड़कड़ाती ठंड में फंसी है। पर फिर भी उसे गरमी लग रही है।

अपनी मेज़ को ध्यान से देखती है। आधे पढ़े *स्टेट ऑफ़ द वर्ल्ड* के कुछ संस्करण बिखरे हैं, मौसम में बदलाव का ब्यौरा देने वाली *नॉर्वेजियन रेड लिस्ट* रखी हुई है, साथ ही, एक शानदार किताब, *ए गैप इन नेचर: डिस्कवरिंग दि वर्ल्ड्स एक्सटिंक्ट एनिमल्स,* भी वहाँ रखी थी। यह किताब उसके पिता अपने ऑस्ट्रेलियाई दौरे से उसके लिए लेकर आए थे।

एना की मेज़ के ऊपर किताबें रखने के लिए ताखे बने थे। नीचे वाले में एना ने जूते के दो खाली बक़्से रखे थे जिसे उसने लाल काग़ज़ से मढ़ा था। एक बक़्से पर उसने लिखा था *दुनिया क्या है? और दूसरे पर क्या करना होगा?* उसके अन्दर वो प्रिंट-आउट और अख़बारों की कटिंग रखती थी।

अपने सपने में नोवा ने कुछ लेख पढ़े थे। एक को तो एना ने उसी शाम अख़बार से निकाला था, जब उसके मम्मी-पाप कैप्टन कुक के बारे में फ़िल्म देख रहे थे।

वह कुर्सी से उठकर बक़्सों को नीचे उतारकर काग़ज़ों को खंगालने लगी है। और उसे वह चीज़ मिल गई जिसे ढूँढ़ रही थी:

नीति शास्त्र का आधार है एक दूसरे के प्रति सम्मान: दूसरों के साथ वैसा व्यवहार करें जैसा हम उनसे उम्मीद करते हैं। पर इस सुनहरे नियम का सिर्फ़ एक सीधा आयाम नहीं हो सकता—दूसरे शब्दों में एक पक्ष में 'हम' और दूसरे पक्ष में 'वे'। हमें समझ आने लगा है कि इसका एक और आयाम भी है : आने वाली पीढ़ी के साथ वैसा ही व्यवहार करना चाहिए जैसा पिछली पीढ़ी ने हमारे साथ किया था।

इतना आसान है ये। आपको अपने पड़ोसियों से अच्छा व्यवहार करना चाहिए। और इस नियम में आने वाली पीढ़ियाँ भी शामिल हैं। इसमें हमारे बाद आने वाले हर किसी को शामिल करना ही पड़ेगा।

तथ्य ये है कि पूरी मानवता एक ही वक़्त पर, एक साथ, धरती पर नहीं रहती। हमारे पहले भी इन्सान रहे हैं और हमारे बाद भी इन्सान ही रहेंगे। हमारा आचरण वैसा ही होना चाहिए जैसा हम उनसे उम्मीद करते अगर वे हमसे पहले इस धरती पर आते।

अच्छे आचरण का सिद्धांत इतना आसान है। यानी, आने वाली पीढ़ियों को हम ऐसी धरती नहीं दे सकते जो हमें मिली धरती से कमतर हो। जहाँ समन्दर में मछलियाँ कम हों। जहाँ पीने के पानी की कमी हो। जहाँ अनाज कम उगे। जहाँ वर्षा वन न हों। जहाँ पहाड़ बंजर हों। जहाँ कोरल रीफ पहले से कम हों। जहाँ पहले से कम ग्लेशियर हों। जहाँ पहले से कम जानवर हों...

जो कम ख़ूबसूरत हो! जहाँ प्रकृति का चमत्कार कम दिखे! जहाँ वैभव और आनंद पहले से कम हो!

ओह! जैसे-जैसे एना फिर से इन शब्दों को पढ़ रही थी, उस पर एक थकान सी हावी हो रही थी। वह यह लेख तीसरी या चौथी बार पढ़ रही थी और उसकी परपोती इन्हीं शब्दों को सत्तर साल बाद भविष्य में पढ़ेगी; आज जो भी ऑनलाइन है वो अनंत काल तक वहीं रहेगा। हमारे काल

के सभी चित्र और शब्द, सूचना के इस सागर में हमेशा तैरते मिलेंगे।

हमारे बेचारे वारिस, उसने सोचा! न सिर्फ़ उन्हें हमारे स्वार्थ की वजह से एक बीमार धरती पर रहना होगा, उन्हें इस तथ्य के साथ भी जीना होगा कि हमें कई बार चेतावनी मिली थी। 'आपको अपने पड़ोसियों से अच्छा व्यवहार करना चाहिए। और इस नियम में आने वाली पीढ़ियाँ भी शामिल हैं...' आने वाली पीढ़ियाँ जब ये जानेंगी कि हमें चेताया गया था फिर भी हमने कुछ नहीं किया तो उन्हें असहनीय दुख होगा।

लेकिन बात बस इतनी नहीं थी। एना को इंटरनेट पर कुछ और भी मिला था। *क्या किया जा सकता है* वाले बॉक्स को खँगालने लगी और थोड़ी देर में वह चीज़ उसे मिल गई जिसे वह ढूँढ़ रही थी।

> जलवायु की समस्या और जैव-विविधता पर मँडरा रहे ख़तरे की असल वजह है लालच। पर लालची लालच को बुरी आदत नहीं मानते। इतिहास में ऐसे कई उदाहरण मिलते हैं।
>
> अगर हम परस्पर आदर और सम्मान के नियमों के अनुसार जीना शुरू कर रहे हैं,तो हमें जैव-ईंधन का इस्तेमाल तभी करना चाहिए, जब यह सुनिश्चित हो जाए कि आने वाली पीढ़ियाँ इसके बग़ैर जी लेंगी।
>
> इन नैतिक सवालों का जवाब ढूँढ़ना मुश्किल नहीं है; अगर कमी है तो इन सुझावों पर अमल करने की हमारी काबिलियत में।
>
> मैं अपने पोते-पोतियों और उनके बच्चों की हताशा को अभी से देख सकती हूँ : न सिर्फ़ उनके पास तेल और गैस जैसे संसाधनों की कमी होगी बल्कि जैव विविधता भी नहीं रहेगी : वो कहेंगे—तुमने सब कुछ छीन लिया! हमारे लिए कुछ भी नहीं छोड़ा!

तुमने सब कुछ छीन लिया..।

एना को ऐसा लग रहा था जैसे कि अभी-अभी सपने से जगी हो, वह सपना अभी भी उसके दिमाग़ में ताजा था। काश, ये सिर्फ़ एक सपना होता...

फिर वो जोनस के बारे में सोचने लगी। एना ने वादा किया था कि वो जैसे ही नींद से जागेगी जोनस को फ़ोन करेगी। लेकिन, उसे इन्तज़ार करना पड़ेगा। वह अपने सपने के बाक़ी हिस्सों को याद करने में जुट गई और तभी उसे अहसास हुआ कि सपने में नोवा कुछ सुन रही थी।

एना उन शब्दों को जानती थी। उसके पास उस रिकॉर्डिंग की लिखित प्रतिलिपि भी थी... लेकिन, उसने उसे रखा कहाँ था? उसने ज़रूर कुछ अनदेखा कर दिया होगा—लेकिन, क्या? क्या कोई ख़ास कारण था जिसकी वजह से उसने प्रतिलिपि को उसकी तय जगह पर नहीं रखा था? धीरे-धीरे उसे वजह याद आने लगी, और उसके ताखे से एक पुरानी किताब नीचे उतारी। उस किताब का शीर्षक था *अलिफ़ लैला*। हाल ही में, एना ने किताब को कुछ ढूँढ़ने के लिए निकाला था और लिखित प्रतिलिपि को उसने बुकमार्क के तौर पर वहाँ रख दिया था।

कई मायनों में हम अभूतपूर्व काल में रह रहे हैं। एक ओर, विज्ञान की मदद से हम ब्रह्मांड के रहस्यों को सुलझा रहे हैं, लेकिन, दूसरी ओर, हम पहली ऐसी पीढ़ी हैं जिसने इस धरती को असहनीय दर्द दिया है। हम देख सकते हैं कि कैसे इन्सानी हरकतों ने प्राकृतिक संसाधनों पर अभूतपूर्व दबाव डाला है जिसकी वजह से प्रकृति बिखरने लगी है। हमने पृथ्वी को इस कदर बदल दिया है कि इसे अब एक नए भूवैज्ञानिक काल की तरह देखा जाने लगा है—*एथ्रोपोसेंट्रिक*।

प्रकृति में कार्बन की बड़ी तादाद जमा है, पेड़-पौधों और जानवरों में, समुद्र और तेल में, कोयले और गैस में। ये कार्बन ऑक्सीकरण के

बाद हवा में घुलने के लिए तरस रहा है। शुक्र जैसे जीवविहीन ग्रह के वायुमंडल में कार्बन डाइऑक्साइड प्रमुखता से है, और धरती पर भी ऐसा ही होगा, अगर प्रकृति ने अपने तरीक़ों से कार्बन पर रोक नहीं लगाई होती। लेकिन, अट्ठारहवीं सदी के अन्त से ही जीवाश्म ईंधन ने अलादीन के जिन्न की तरह हमें ललचाना शुरू कर दिया था। "मुझे आज़ाद करो," कार्बन इन्सान के कानों में फुसफुसाया। हम उसके जाल में फंस गए और तब से हम इस जिन्न को वापस चिराग में डालने की कोशिश में जुटे हैं।

अगर बाक़ी बचे तेल, कोयले और गैस को बाहर निकाल कर वायुमंडल में छोड़ दिया जाता है तो हमारी सभ्याता ही विलुप्त हो जाएगी। कई लोग मानते हैं कि उनकी राष्ट्रीय सीमा के भीतर स्थित संसाधनों का इस्तेमाल करने का उनके पास दैवीय अधिकार है। वर्षा वनों वाले देश क्यों अपनी मर्जी से जंगलों का उपयोग नहीं कर सकते? अगर हर देश अपने संसाधनों का दुरुपयोग करता है तो वैश्विक कार्बन सन्तुलन पर क्या असर पड़ेगा?

एना खिड़की की ओर बढ़ती है और घाटी में बने व्यस्त पेट्रोल पम्प को देखती है। वह एक जीवित जीवाश्म की तरह था : वह इतना पुराना लगता था, जैसे किसी और काल का अवशेष हो, लेकिन पम्प पूरी तरह सक्रिय था।

उसे अपने सपने से एक और बात याद आती है...

छतरी

बारिश तेज़ होती ही जा रही थी फिर भी वह अपनी लाल छतरी लिए पहाड़ी पर चढ़ती जा रही थी। छतरी इतनी बड़ी थी कि छोटे बच्चों का एक पूरा समूह उसके नीचे समा सकता था। नदी के उस पार से भूस्खलन की ख़बरें सुनाई दी थीं पर मुख्य रास्ते को कोई नुकसान नहीं हुआ था।

वह चौराहे तक गई जहाँ पहले पेट्रोल पम्प हुआ करता था। पर अब वह एक तरह का आरामगहा बन गया है। पहाड़ों पर चढ़ाई करने से पहले अरब लोग वहाँ ठहरते थे। ऊँटों को पानी दिया जाता था और शरणार्थी भोजन करते थे। वादी के निचले हिस्से में एक बड़ा अलाव जलाया गया है और उसकी आंच में लोग अपने हाथ-पांव सेक रहे हैं।

वह उस जमघट में घुल-मिल जाती है : लम्बी-लम्बी पोशाकों में

औरतें और पांवों तक पहुँचने वाले सफ़ेद लबादे में मर्द। उसका लाल छाता इतना बड़ा है कि उसे रास्ता देने के लिए कुछ लोग हट जाते हैं, तो कुछ झुकते हैं। हालाँकि, बच्चों को झुकने की ज़रूरत भी नहीं पड़ती।

लोग हँस रहे हैं और माहौल ख़ुशनुमा है। एक आदमी पुराने चिरागों के साथ करतब दिखा रहा है और उसके कारनामों को देखकर औरतें-बच्चे तालियाँ बजा रहे हैं। गाँव वाले कबाब और काढ़ा बेच रहे हैं। कुछ ने तो बारिश के सामानों और ऊनी कम्बलों की दुकान लगा रखी है। ख़रीद-फरोख्त के लिए सोने के सिक्कों का इस्तेमाल हो रहा है।

भीड़ से दूर एक लड़का घास पर लेटा हुआ है। एना आस-पास की औरतों से उस लड़के के बारे में पूछती है। 'क्या वह बीमार है?' एक औरत बड़ी गम्भीरता से उसकी ओर देखते हुए हामी भरती है। 'लम्बे सफ़र का असर है,' वह औरत अंग्रेजी में कहती है।

वह उस लड़के के क़रीब जाती है और अपनी छतरी से उसे ढक देती है। कम से कम बारिश से तो बचा रहेगा। दो औरतें उसके पीछे-पीछे आती हैं। नोवा अपने घर की ओर इशारा करते हुए कहती है कि वह नौजवान उसके घर में आराम कर सकता है।

दोनों औरतों की मदद से युवक पहाड़ी पर चढ़ने लगता है। दरवाज़े पर उनकी मुलाक़ात नाना से होती है और नोवा उन्हें बताती है कि वह बीमार है। उसे इसी घर में रहना होगा जब तक उसकी तबीयत पूरी तरह ठीक नहीं हो जाती। उन्हें शायद डॉक्टर को भी बुलाना पड़े क्योंकि लगता है कि उस लड़के को दवाओं की ज़रूरत है।

तेल

पेट्रोल पम्प की पार्किंग पर गाड़ियों का कारवाँ बढ़ता ही जा रहा था। ड्राइवर अक्सर इंजन को बिना बन्द किए पम्प पर बनी दुकान से हॉट डॉग्स और क्रिस्प्स ख़रीदने जाते थे। गाड़ियों से निकलते धुएँ को देखकर एना को ख़ासा ग़ुस्सा आता था। उसने उन गाड़ियों का नाम हॉट-डॉग कार रख दिया था। शून्य से नीचे दस डिग्री वाले तापमान में गाड़ियों से निकलता नीले-स्लेटी रंग का धुआँ बिलकुल साफ़ नज़र आता था। उसके पास तापमान मापने की मशीन नहीं थी लेकिन गाड़ियों से निकलते धुएँ को देखकर एना तापमान आसानी से बता सकती थी।

एना खिड़की के सामने खड़ी होकर, तेल के बारे में उसने जो पढ़ा था, उस पर विचार करने लगी। उसने एक पीले काग़ज़ पर कुछ आंकड़े

लिखे थे जिनपर विश्वास करना मुश्किल हो रहा था।

कच्चे तेल के एक बैरल में 159 लीटर होते हैं और उसकी क़ीमत तक़रीबन सौ डॉलर या 600 नॉर्वेजियाई क्रोनर है। एक बैरल तेल से उतनी ऊर्जा निकलती है जितना किसी आदमी के 10,000 घंटे की शारीरिक मेहनत से आती है। नॉर्वे में ये लगभग छह साल के काम जितना है। नॉर्वे में सालाना औसत वेतन क़रीब-क़रीब 3.5 लाख क्रोनर है मतलब अगर एक बैरल तेल को शारीरिक मेहनत से बदला जाए, तो उसकी क़ीमत तकरबीन 21 लाख क्रोनर होगी। औसतन अमेरिकी नागरिक सालाना पच्चीस बैरल तेल इस्तेमाल करता है यानी 150 साल का काम। अगर दूसरे नज़रिए से देखें तो औसतन अमेरिकी नागरिक के पास 150 'ऊर्जा गुलाम' हैं जिनका इस्तेमाल वह अपनी गाड़ियों, मशीनों, फ्रिज और एयर कंडीशनर, जहाज, कारखाने, खेत और मनोरंजन की मशीनों को चलाने के लिए करता है। ये तो सिर्फ़ तेल की बात हुई... कोयले और गैस के हिसाब तक तो पहुँचे ही नहीं हैं।

एना अक्सर सोचती थी कि क्या पेट्रोल की क़ीमत ज़रूरत से कम है। अमेरिका में तेल का चलन लगभग उसी वक़्त पर शुरू हुआ था जब गुलामी पर रोक लगाई गई थी। पहले टेक्सस के खेतों में पश्चिमी अफ्रीकी मूल के गुलाम ही गुलाम नज़र आते थे, फिर हर जगह तेल ही तेल दिखाई देने लगा।

पर 6 साल के शारीरिक मेहनत की क़ीमत सिर्फ़ 600 क्रोनर? मतलब साल का हिसाब सिर्फ़ सौ क्रोनर। ये तो वाकई गुलामों की ही तनख्वाह है।

तेल की क़ीमत इतनी कम कैसे हो सकती थी? एना ने ख़ुद के लिए जवाब बना लिया था। तेल इसलिए सस्ता था क्योंकि उस पर किसी का मालिकाना हक़ नहीं था। इसलिए उसकी कोई क़ीमत भी नहीं थी। सिर्फ़ तेल को ज़मीन के भीतर से निकालना था।

तेल लाखों साल पुराना है। हज़ारों साल की सौर ऊर्जा का कुंड है। लेकिन, चूंकि उसका मालिक कोई नहीं है इसलिए उसे बड़ी आसानी से इस्तेमाल किया जा सकता है। चुटकी बजाई और तेल ग़ायब।

एना अपने काग़ज़ के टुकड़े को देखती है और हताशा से सिर हिलाती है।

शायद सच है कि तेल की वजह से हज़ारों लोग ग़रीबी से बाहर आ सके, जैसा अक्सर नेता और ऊर्जा मंत्री कहते रहते हैं। लेकिन यह भी सच है कि हज़ारों-लाखों लोग ऐसे भी हैं जो बेतहाशा अय्याश ज़िन्दगी जीने लगे, जैसा मानव इतिहास में पहले कभी नहीं देखा गया।

एना के हाथ में एक और अख़बार की कटिंग थी। वो हवाई जहाज के टिकट का विज्ञापन था। मॉस हवाई-अड्डे से पेरिस तक का सबसे सस्ता हवाई सफ़र सिर्फ़ 119 क्रोनर में किया जा सकता था। सस्ते टिकटों की तादाद कितनी थी, ये कहना मुश्किल था। लेकिन, रोचक हिस्सा तो वो था जो छोटे-छोटे अक्षरों में छपा था। लिखा था, 'हर प्रकार के टैक्स समेत'। पेरिस तक सिर्फ़ 119 क्रोनर, वो भी टैक्स के साथ! ओस्लो में ट्राम के टिकट की क़ीमत लगभग उतनी थी। लेकिन, छोटे अक्षरों में जो नहीं लिखा था, वो ये कि ओस्लो से पेरिस तक और वापसी तक के हवाई सफ़र का पर्यावरण पर उतना ही गहरा असर पड़ता है जितना एक साल के हर दिन 14 मील चलने से पड़ेगा। एना ने कहीं और पढ़ा था कि ओस्लो से न्यूयॉर्क तक के हवाई सफ़र का असर 50 हज़ार कारों से सफ़र करने जितना था।

क्या हम उन संसाधनों को बर्बाद नहीं कर रहे हैं जो आने वाली पीढ़ियों के काम आ सकते हैं? क्या हम बैटरी को वक़्त से पहले ख़त्म नहीं कर रहे हैं? शायद वो दिन दूर नहीं जब तेल की जगह अकड़े हुए कंधे और दुखते हुए पैर ले लेंगे। क्या एना आने वाली पीढ़ियों के हिस्से के संसाधनों की डकैती की गवाह नहीं है?

वह अभी भी खिड़की पर ही खड़ी थी। उसके सपने में किसान उन शरणार्थियों को कबाब बेच रहे थे जो पूरे देश में छत की तलाश में घूम रहे थे। कई वेस्टलैंड के उत्तर में कारोबारी बनने की कोशिश कर रहे थे।

एना मन ही मन मुस्कुराई। उसने क्या अजीब सपना देखा था! लेकिन सपना उतना ही जीवन्त था जितनी पिछले साल इटली में मनाई छुट्टियों की यादें। उसे वह सपना स्कूल में बिताए पिछले दिन से बेहतर याद था।

लेकिन, वह सिर्फ़ सपना भर नहीं था। ऐसा लग रहा था कि उसका कोई अन्त ही नहीं है। उसने अपने सपने में पूरा ब्रह्मांड बना लिया था। एक ऐसा भविष्य जो उसकी ज़िन्दगी की हक़ीकत के समानान्तर चल रहा था। अगर सिर्फ़ एक धागे को खींचें तो पूरा पिटारा खुल जाएगा—अतीत, भविष्य या हो सकता है कि वर्तमान का भी दूसरा ही रूप दिखाई दे जाए...

ऊँट

लड़का पहले से बेहतर है। वह उसी की वय का है, शायद एक साल बड़ा होगा। वे तकियों वाले क़मरे में बैठकर लूडो खेल रहे हैं। उसने लाल गोटियाँ ली हैं और लड़के ने नीली।

उस लड़के ने कहा कि लूडो का खेल भारत से आया है। राजा गोटियों की जगह इन्सानों से खेलते थे। हरम की औरतों का इस्तेमाल किया जाता था। सोलह युवतियाँ आंगन में लाल-सफ़ेद खानों पर खड़ी रहती थीं।

लड़का तीन गोटियों को एक खाने में ला चुका था। एक बार और पासा फेंककर चौथी गोटी भी उसी खाने में पहुँचा दिया। कहता है कि उसने 'मीनार' बना ली है और वो जीत गया है। नियमों को लेकर दोनों में विवाद छिड़ा और खेल बन्द हो गया...

अब वे बाहर खड़े हैं, तांबे के छज्जे के नीचे और दूर वादियों की

ओर देख रहे हैं। एक भटका हुआ ऊँट आरामगाह की ओर बढ़ता दिखाई दे रहा है। लड़का उसकी ओर मुड़कर कहता है, 'मेरे परदादा के पिता ऊँटों से सफ़र किया करते थे। मेरे परदादा मर्सिडीज चलाते थे और मेरे दादा हवाई जहाज में पूरी दुनिया की सैर किया करते थे। पर अब हम वापस ऊँटों पर आ गए हैं।'

लड़का नोवा की ओर गम्भीरता से देखते हुए कहता है : 'हमारे देश के लिए तेल एक मुसीबत था। हम रातों-रात अमीर हो गए लेकिन फिर सब कुछ गँवाने में भी वक़्त नहीं लगा। हम धनी कैसे हो सकते हैं जब हम अपने देश में ही नहीं रह सकते?'

अब उस नौजवान को जाना पड़ेगा। आरामगाह पर अरबियों का एक और टोला आ पहुँचा है। उनके अलावों से धुआं उठ रहा है। जब नाना उस युवक को अलविदा कहने आती है तो वह अपनी अँगूठी निकाल कर उन्हें दे देता है। यह शुक्रिया कहने का उसका तरीक़ा था।

नोवा निराश है, क्योंकि उसने सिर्फ़ नाना का ही शुक्रिया किया। लेकिन, तभी वह उसकी ओर मुड़ता है और अपनी उँगलियाँ उसके माथे पर फेरता है। पहली बार किसी लड़के ने नोवा के बालों को सँवारा था। कहता है कि नाना बूढ़ी हो गई हैं, एक दिन उसे यह अँगूठी विरासत में मिलेगी। युवक कहता है कि यह अलादीन की अँगूठी है और *अलिफ़ लैला* की एक कहानी से आई है।

नोवा उस लड़के की गहरी काली आँखों में झाँकती है, और उन आँखों में उसे छिपे हुए राज़ का अहसास होता है।

संग्रहालय

एना अभी भी उस संकरी खिड़की के पास बैठी हुई है। थकी हुई है। अभी-अभी वक़्त में सत्तर साल आगे का सफ़र पूरा करके लौटी है। दुनिया किसी दस्ताने की तरह है जिसे वह सीधा और उलटा दोनों तरफ़ से पहन सकती है। वह दो अलग-अलग इन्सान थी। 2082 में सोलह साल की थी और वह कल सोलह साल की होगी।

कल उसका जन्मदिन आने वाला था!

उसने वह अँगूठी उतारी और रोशनी में उसे चमकते हुए देखने लगी। कहते हैं कि इस रूबी का रंग कबूतर के ख़ून जैसा है –हल्के से नीलापन के साथ गहरा लाल। और अब एना शीशे में उस रंग को साफ़-साफ़ देख पा रही थी। उसे तारा-मणि कहा जाता था क्योंकि जब रोशनी उस रूबी पर पड़ती थी तो अन्दर छह किरणों वाला तारा नज़र आता था।

पिछले सौ सालों के उस उंगूठी के इतिहास को अच्छी तरह से जानती थी एना। लेकिन, उसने कुछ कहानियाँ सुनी थीं जिनमें बताया गया था कि वह अँगूठी और भी पुरानी है। बूढ़ी आंटी सुनिवा ने परिवार वालों को बताया था कि अँगूठी ईरान से आई थी पर उसमें जड़ी रूबी बर्मा की थी।

एना अपने कम्प्यूटर के सामने बैठ गई और वेब ब्राउजर पर www.arkive.org टाइप किया। पल भर में अपने पसन्दीदा वेबसाइट पर पहुँच गई : धरती पर जीवन की तस्वीरें।

सबसे पहली फ़ोटो जिस पर उसकी नज़र पड़ी, वह थी आइबेरियाई बनबिलाव के साथ सर डेविड एटनबरो की। फिर हज़ारों पेड़-पौधों और जानवरों की तस्वीरों को खोलती चली गई। उनके आवासों के बारे में पढ़ने लगी—पहले कैसे हुआ करते थे और अब उनकी दशा क्या थी।

धरती के कई पारितंत्र पहले के मुकाबले सिकुड़ गए थे : ताजे और स्वस्थ इलाकों से उनके सम्बन्ध टूट गए थे। अफ्रीका में जो जानवर और पेड़ पहले पूरे महाद्वीप पर पाए जाते थे, अब एक छोटे से इलाके में सिमट कर रह गए थे। यूरोप, एशिया और अमेरिका भी अफ्रीका से ज़्यादा अलग नहीं थे। दूसरे महाद्वीपों के मुकाबले प्राकृतिक पारितंत्रों के टूटने का सिलसिला यूरोप में पहले शुरू हुआ था। मध्य यूरोप में बड़े मांसाहारी जानवर लगभग विलुप्त हो गए थे। केवल नॉर्वे में ही उन्नीसवीं सदी के आख़िरी पचास सालों में पाँच हज़ार से ज़्यादा भालुओं को मारा गया था।

उसने सर्च बॉक्स में *होमिनिडेए* टाइप किया और मानवनुमा बन्दरों की छह अलग-अलग प्रजातियाँ कम्प्यूटर स्क्रीन पर आ गईं। उनमें दो क़िस्म के चिम्पांजी, दो तरह के गोरिल्ला और ओरांगउटान की दो प्रजातियाँ शामिल थीं। अन्तरराष्ट्रीय पर्यावरण संरक्षण संघ (आईयूसीए) ने इनमें से चार को गम्भीर रूप से विलुप्तप्राय और दो को विलुप्तप्राय

चिन्हित किया था। यानी धरती पर वानरों की सभी प्रजातियों पर ग़ायब होने का ख़तरा मँडरा रहा था। गम्भीर रूप से विलुप्तप्राय का अर्थ था कि आने वाले कुछ दशकों में इन प्रजातियों के ग़ायब होने का बहुत-बहुत *ज़्यादा* ख़तरा था, जबकि विलुप्तप्राय के लिए ख़तरा सिर्फ़ एक स्तर नीचे यानी *बहुत ज़्यादा* ख़तरा था। सिर्फ़ *बहुत ज़्यादा* कहने के लिए शुक्रिया।

उसने कुछ वीडियो पर भी क्लिक किया। ये वही वीडियो थे जो उसने अपने सपने में देखे थे। लेकिन, सपने में ये सारी प्रजातियाँ विलुप्त हो चुकी थीं। अभी हालत उतनी हताशाभरी नहीं थी। इन प्रजातियों के कुछ सदस्य अभी भी जीवित थे।

जब ये तबाही हो रही थी, मानव धरती पर सबसे ज़्यादा आबादी वाला स्तनपायी बन गया। यह कोई इत्तेफाक नहीं था, इन्सानों ने ही अपने सबसे क़रीबी रिश्तेदारों को ख़ात्मे की ओर ढकेला था, न सिर्फ़ जंगलों को काटकर उनके रिहायशी इलाक़ों को बर्बाद करके, बल्कि उन्हें ग़ैर-क़ानूनी तरीक़े से पकड़कर और बेतहाशा शिकार के ज़रिए भी।

उसने धरती के सबसे बड़े मांसाहारी जानवरों की तलाश भी की। उनमें से कई बन्दरों की ही तरह ख़तरे में थे। पिछले सौ सालों में शेरों की जनसंख्या में तिरानबे फ़ीसदी की गिरावट आई थी। लेकिन सिर्फ़ बन्दर और मांसाहारी जानवर ही ख़तरे में नहीं थे। हज़ारों या यूँ कहें लाखों पेड़-पौधे और जन्तुओं पर ग़ायब होने का ख़तरा मंडरा रहा था क्योंकि उनके पारितंत्रों को गहरा नुकसान पहुँचा था। और इसकी एक बड़ी वजह थी जलवायु परिवर्तन।

वो एक बार फिर अपनी अँगूठी को गौर से देखती है। जब यह अँगूठी बनी थी तब से अब तक प्रकृति का कितना बड़ा हिस्सा खो गया था—आज से सौ साल बाद और क्या-क्या खो जाएगा?

जन्मदिन के मोक़े पर मिले दूसरे तोहफे के बारे में एना लगभग भूल ही गई थी, पर अब उठकर अपने बिस्तर के बगल वाली मेज़ पर पड़ा

स्मार्टफ़ोन ले आई। उसके पास एक एसएमएस आया था, उस फ़ोन पर आने वाला सबसे पहला मैसेज, और बेशक वो जोनस का ही था :

क्या तुम जाग गई हो एना? मुझसे बात कर सकती हो?

उसे बुरा लगा; उसने वादा किया था कि जागते ही जोनस को फ़ोन करेगी, लेकिन, मैसेज का जवाब देते हुए एना ने लिखा, *मैं व्यस्त हूँ, जोनस। बेहद ज़रूरी काम है। मैं ज़ल्द बात करती हूँ।*

चन्द सेकंड में जोनस का जवाब आ गया : *ठीक है। तुम जितना चाहे उतना वक़्त ले लो। पर ऐसा क्या ज़रूरी काम आ गया तुम्हारे सोलहवें जन्मदिन से एक दिन पहले?*

अख़बारों के ऐप उसके फ़ोन पर पहले से इंसस्टॉल थे। उसने स्क्रीन को छुआ और अख़बार का पहला पन्ना खुल गया :

'अभी भी है गुमशुदा। ऐस्टर (फ़ोटो में) अभी भी सोमालिया में बंधक बनी हुई हैं। कल सुबह मोगादिशू हवाई अड्डे से नॉर्वे की ऐस्टर एँटोनसन बाहर निकली थीं। उनके साथ विश्व खाद्य कार्यक्रम के दो कार्यकर्ता थे—एक मिस्त्र से और दूसरे अमेरिकी—और साथ में पाँच स्थानीय ट्रक चालक भी थे। सभी राहतकर्मी फ़िलहाल बन्दी हैं...पिछले साल के सूखे के बाद पूर्वोत्तर अफ्रीका में छाई भुखमरी बहुत घातक साबित हो रही है। हज़ारों ने अपनी जान गँवाई है और बड़ी तादाद में लोग उस इलाके से बाहर निकलने की कोशिश कर रहे हैं... राजनीतिक अस्थिरता ने स्थिति को और गम्भीर बनाया है, लेकिन अब पर्यावरण शोधकर्ता ग्लोबल वॉर्मिंग को इस हौलनाक स्थिति की सबसे बड़ी वजह बताने से इनकार नहीं कर पा रहे हैं..।'

एना ने अपने गुमशुदा हमवतन की तस्वीर ध्यान से देखा। वह औरत अपने जीवन के तीसरे दशक में थी, शायद। लेकिन, क्या एना ने उसे पहले कहीं देखा तो नहीं था? क्या उससे पहले मिली थी? या फिर ये

एना की कल्पना थी?

पहले भी एना ऐसे कई लोगों से मिल चुकी थी जिन्हें असल में नहीं जानती थी लेकिन उसने अपने सपनों में उन्हें देखा था। पहले ऐसी बातों का जिक्र किसी और से नहीं करती थी। लेकिन, अभी वह बिल्कुल अकेली थी और पहली चीज़ जो उसके दिमाग़ में आई वह थी: 'ओह, तुमसे मिलना कितना मज़ेदार है! मैंने तुम्हें सपने में देखा है!'

कारवाँ

वह ऊँट की पीठ पर बैठी है। उसके सामने चार और ऊँट चल रहे हैं। उन ऊँटों पर कालीन, कम्बल जैसे सामान लदे हुए हैं जो शरणार्थी मोल्ड और क्रिस्टियनसुंड जैसे बड़े बाज़ारों में बेचेंगे। उन जानवरों के गले में मोतियों के हार और मसालों की पोटलियाँ लटक रही हैं।

नोवा जीन पर बैठी हुई है और ऊँट की कमान उस लड़के के हाथों में है। उसने लाल चोंगा पहना हुआ है जो उसे उन औरतों में से एक ने तोहफे के तौर पर दिया है। वह बद्दू राजकुमारी जैसा मससूस कर रही है जो अपने इलाकों के मुआयने पर निकली हो। लड़का उसकी ओर मुड़ता है और मुस्कुरा कर कहता है–

'सलाम'

वह कारवाँ के साथ थोड़ी दूर और जा सकती है लेकिन उसे लो से वापस आने के लिए इलेक्ट्रिक बस पकड़नी होगी। वह सिर्फ़ मज़े के लिए कारवाँ के साथ निकल पड़ी थी पर अब उस लड़के को अच्छे से जानने लगी है, और दोनों में से कोई भी एक-दूसरे का साथ छोड़ने के लिए तैयार नहीं है।

बूढ़े-बच्चे मिलाकर कारवाँ में तीस लोग हैं। ऊँट के चमड़े से बने ढोल बजाते हुए एक आदमी पूरे कारवाँ की अगुवाई कर रहा है और साथ में ग्यारह-बारह साल की एक लड़की बाँसुरी बजाते हुए चल रही है।

उन्होंने पुल पार कर लिया है और अब वे दर्रे तक के लम्बे सफ़र पर निकल पड़े हैं। फ़िलहाल बारिश तो नहीं हो रही है लेकिन ज़मीन अभी भी गीली है और पेड़ों से पानी टपक रहा है।

नदी का बहाव बहुत तेज़ हो गया है और बाढ़ का डर सताने लगा है। बारिश न हो तो बेहतर है!

गाँव इससे ज़्यादा गर्म, गीले या हरे कभी नहीं दिखे हैं, और न ही कभी नदियों का रंग इतना भूरा नज़र आया है। पिछले चालीस सालों में नॉर्वे की आबादी पाँच गुना बढ़ गई है, इसलिए नहीं कि बहुत ज़्यादा बच्चे पैदा हो रहे हैं, बल्कि इसलिए क्योंकि दुनिया के अलग-अलग हिस्सों से हज़ारों-लाखों शरणार्थी दुनिया के उत्तरी इलाकों में जमा होने लगे हैं। स्कैनडिनेविया में उन सब को बसेरा देने की क्षमता है।

उस लड़के को वह उन लोगों के बारे में बताती है जो इस सदी की शुरुआत में ग्लोबल वॉर्मिंग को नकारा करते थे। ज़्यादातर मध्यम आयु वर्ग के लोग थे जो कहते थे कि जलवायु परिवर्तन से कोई ख़तरा नहीं है और इसके लिए इन्सान ज़िम्मेदार नहीं है। इन्सान ज़िम्मेदार हो या नहीं, ये नॉर्वे के लोगों के लिए केवल फायदेमन्द ही होगा...

'चित भी मेरी, पट भी मेरी—इसे कहते हैं,' उस लड़के ने जवाब दिया। 'अफ़्रीका के शुतुरमुर्ग अपने आस-पास की चीज़ों से इतना डर

जाते थे कि अपने सर को रेत में छिपा लेते थे। लेकिन, यह क़दम समझदारी वाला नहीं था। क्योंकि आज वे सारे विलुप्त हो गए हैं।'

ऊँट पर बैठी नोवा हँस पड़ी। लड़के तक अपनी आवाज़ पहुँचाने के लिए नोवा को लगभग चीखना पड़ता है : 'जब उत्तर ध्रुवीय बर्फ़ पिघलने लगी तब कुछ लोगों का मानना था कि इसमें चिन्ता की कोई बात नहीं है... ऐसा थोड़े ही है कि वहाँ कोई घूमने जाता हो... और वैसे भी हिमखंड के नीचे तेल के कुंड थे। नॉर्वे उन पर मालिकाना हक़ जता सकता है। और ध्रुवीय भालू को ग़ायब होने से बचाने का बवाल क्यों मचा रखा है? क्या पांडा को बचाना काफी नहीं था? लेकिन ये लोग नहीं जानते थे कि पिघलती हुई बर्फ़ चेतावनी थी कि पूरा ग्रह गर्म हो रहा है। और देख लो अब मैं ऊँट की पीठ पर बैठी हूँ!'

वे लो तक पहुँच गए। लड़के ने उसे ऊँट से उतरने में मदद की। देखते ही देखते कारवाँ आँखों से ओझल हो गया। अब किसी भी वक़्त इलेक्ट्रिक बस आएगी।

उन्होंने स्काइप आईडी एक-दूसरे को दी। और वादा किया कि ज़ल्द एक-दूसरे से मिलेंगे। लड़के ने उसे अपने अमीरात की तस्वीर दिखाई, पर नोवा कुछ समझ ही नहीं पाई क्योंकि उसे हर जगह रेत ही रेत दिखाई दे रही थी।

'क़स्बे-शहर कहाँ हैं?' उसने पूछा।

'शहर तो हैं, लेकिन रेत के नीचे दफन हैं.'

वह एलबम के पन्नों को पलटता है और आख़िरकार उसे एक छोटी सी बिल्डिंग की तस्वीर मिल जाती है, या फिर किसी लम्बी इमारत का ऊपरी हिस्सा था, जो रेत से बाहर आ गया था। 'यह एक मीनार है।'

बस आ जाती है और अलविदा कहक़र नोवा बस में चढ़ जाती है।

लाल सूचियाँ

अपने नए स्मार्टफ़ोन को हाथ में थामे एना खड़ी थी और सोच रही थी कि कब उसने उस गुमशुदा औरत को देखा था। क्या जब वो जोनस के साथ ओस्लो की सड़कों पर टहल रही थी तब उसकी मुलाक़ात हुई थी? इकोलॉजी सेंटर पर उनकी मुलाक़ात ढेर सारे लोगों से हुई थी, जब वे एक प्रेशर ग्रुप बनाने के लिए ब्रॉशर्स और सलाह के लिए गए थे। पर कितनी संभावना थी कि उनमें से कोई एक क़रीब महीने भर के अन्दर विश्व खाद्य कार्यक्रम के लिए अफ़्रीका में काम करने के लिए चला जाएगा? उन्होंने नॉर्वे के रेनफ़ॉरेस्ट फ़ाउंडेशन में किसी से बातचीत की थी, और फिर उसने नॉर्डिक डेवलपमेंट फंड में किसी महिला से बातचीत की थी। लेकिन क्या इनमें से कोई संगठन संयुक्त राष्ट्र के साथ काम करता था? उसे कुछ समझ नहीं आ रहा था।

उसके पापा ने जो किताब दी थी, एना ने उसे उठाया। यह किताब एक ऑस्ट्रेलियाई ने लिखी थी और उसका शीर्षक था-*ए गैप इन नेचर: डिसकवरिंग दि वर्ल्ड्स एक्सटिंक्ट एनिमल्स*। किताब बहुत भारी थी: उसका वज़न कम से कम एक किलो तो ज़रूर होगा। किताब के कवर पर मॉरिशस के एक विलुप्त पक्षी, डोडो, की तस्वीर बनी थी जिसे आख़िरी बार 1681 में देखा गया था। डोडो कबूतर परिवार से जुड़ा पक्षी था। किताब का वो पन्ना खोलती है जहाँ मोआ पक्षी की इकलौती जीवित प्रजाति की तस्वीर थी। इस पक्षी को न्यूजीलैंड के माउरी आदिवासियों ने शिकार करके सत्रहवीं सदी में ख़त्म कर दिया था। इस किताब में स्तनधारियों, पक्षियों और सरीसृप की उन सभी प्रजातियों का विवरण था जो 1500 से 1989 के बीच विलुप्त हो गए थे।

मोआ और डोडो में कई समानताएँ थीं। दोनों पक्षी उड़ नहीं सकते थे लेकिन कुदरती तौर पर उनका कोई दुश्मन नहीं था जब तक इन्सान नहीं आए थे। उसके बाद से दोनों आसान शिकार बन गए।

एना ने कहीं पढ़ा था कि माउरी दंतकथाओं में मोआ का अलग स्थान है। न्यूजीलैंड या फिर जैसा माओरी उसे पुकारते हैं—आओ-टी-रोआ—में अभी भी ये विलाप सुनाई देता है : *नहीं है मोआ, आओ-टी-रोआ में नहीं है मोआ। नहीं मिलेगा एक भी। नहीं छोड़ा उन्होंने एक भी। चले गए हैं वो और नहीं है मोआ एक भी!*

किताब के पन्नों में एना को एक लेख मिला जो उसने कभी इंटरनेट से निकाला था।

संकटग्रस्त पौधों और जानवरों की लाल सूचियाँ अब बड़ी-बड़ी पत्रिकाओं में उन प्रजातियों की रंगीन तस्वीरों के साथ छपने लगी हैं, जो *गम्भीर रूप से लुप्तप्राय, लुप्तप्राय या ख़तरे में* हैं। अगर यही प्रवृति आगे बढ़ती रही तो कुछ ही वक़्त में विलुप्त प्रजातियों पर सुन्दर-सुन्दर तस्वीरों के साथ सज़ावटी किताबें भी छपने लगेंगी। ये वही तस्वीरें होंगी

जो पहले असुरक्षित प्रजातियों की सूची में छपा करती थीं और भविष्य में ये मुमकिन है कि हम उन प्रजातियों को *चित्र-जीवाश्म (फ़ोटोफॉसिल्स)* पुकारने लगें यानी वे प्रजातियाँ जो केवल अपनी तस्वीरें खिंचाने तक जीवित थीं और उसके तुरन्त बाद विलुप्त हो गईं।

क्या यह विडम्बना नहीं है कि जैसे-जैसे प्रकृति से जुड़ी तस्वीरें लेने की कला का विकास हुआ है वैसे-वैसे जीवों के पारितंत्र नष्ट होने लगे हैं। वह दिन दूर नहीं है जब डायनासोर की जगह हम उन जानवरों की तस्वीर देखेंगे जो हमारे जीवनकाल में विलुप्त हो गए।

ये वाकई घृणा के लायक था। आख़िर किसने इन्सानों को दूसरी प्रजातियों को ख़त्म करने का हक़ दिया?

मानवता को क्या हो गया है? इसी सवाल का जवाब एना ज़ल्दी से ज़ल्दी ढूँढ़ना चाहती थी। उसके पास एक उपाय था।

वह अपने मेज़ की दराज खोलती है और उसमें से डॉक्टर बेंजामिन का विजिटिंग कार्ड निकालती है। उन्होंने कहा था कि एना कभी भी उनसे बात कर सकती है। लेकिन, उसने इसे पक्का करने के लिए पहले उन्हें एसएमएस किया :

इन्सानी मानसिकता को क्या हो गया है? क्या हम बात कर सकते हैं? बातचीत के लिए अच्छा वक़्त कब होगा? ससम्मान, एना (नायरुड)

एक मिनट के अन्दर उनका जवाब आ गया। *अभी बात कर सकते हैं। मैं काम पर नहीं हूँ। बेंजामिन।*

'मैं काम पर नहीं हूँ।' ऐसा क्यों लिखा उन्होंने? अगर वो अस्पताल में होते तो उनसे फ़ोन पर बात करना मुश्किल होता। पर फिर भी वह ये नहीं समझ पा रही थी कि उन्होंने ऐसा क्यों लिखा। और वह काम पर क्यों नहीं गए थे?

उसके दिमाग़ में ख़यालों का बवंडर सा आ रखा था। लेकिन, इससे पहले कि कुछ मतलब निकाल पाती, उसने डॉक्टर का नंबर लगाया।

कुछ ही सेकंड में उन्होंने फ़ोन उठा लिया:

'बेंजामिन'

'मैं एना बोल रही हूँ'

'हैलो। तुम्हें मेरा नंबर कैसे..।'

'आपने मुझे अपना कार्ड दिया था '

'हाँ। ठीक है'

'क्या आप तनाव में हैं? आपकी आवाज़ से ऐसा लग रहा है।'

'बिलकुल। तुमने फ़ोन क्यों किया एना?'

बिलकुल? इसका क्या मतलब है, यह एना की समझ से परे था। पर उसे याद था कि उसने डॉक्टर को फ़ोन क्यों किया था। 'क्या मनोविज्ञान समझा सकता है कि क्यों हम अपने ग्रह को नष्ट करने पर तुले हुए हैं?'

'...'

'हैलो?'

'तुमने पूछा, "हम इन्सान ऐसा कैसे कर सकते हैं?" पर क्या तुम्हें मालूम नहीं है?'

'क्या मालूम नहीं है?'

'मेरी बेटी के बारे में'

'ऐस्टर एँटोनसन!'

'हाँ। वही है मेरी बेटी। तो तुम्हें मालूम है?'

'नहीं। नहीं, मुझे नहीं मालूम था। अभी इसी क्षण मुझे अहसास हुआ। और अब मैं जानती हूँ कि क्यों मैंने आपको फ़ोन किया। आपकी मेज़ पर उनकी एक तस्वीर थी..।'

'दरअसल, वो मेरी बीवी की तस्वीर है जब वो ऐस्टर की उम्र की थी।'

'वाकई? दोनों की शक्ल बिलकुल एक जैसी..।'

‘क्या हम किसी और विषय पर बात कर सकते हैं? मैं तनाव में हूँ लेकिन फिर भी मुझे किसी न किसी से बात तो करनी ही है। ’

‘मनोचिकित्सक काम पर नहीं है और उसे अपने मरीजों से बात करने की ज़रूरत पड़ रही है?’

‘कुछ ऐसा ही है। मनुष्य का मस्तिष्क बहुत पेचीदा होता है।’

‘किस बारे में बात करना चाहेंगे आप?’

‘क्या तुमने हाल में रेन्डियर देखे हैं?’

एना हँस पड़ी। ‘हाँ, मैं अभी भी उन्हें देख रही हूँ। मुझे लगता है कि वे मेरी जासूसी कर रहे हैं... सैंटा क्लॉज के लिए।’

‘शायद, वो यह जानने की कोशिश कर रहे हैं कि तुम्हें बड़े दिन के तोहफे के तौर पर क्या चाहिए?’

‘शायद... मुझे यक़ीन है कि ऐस्टर सलामत घर वापस लौट आएगी और मैं ये इसलिए नहीं कह रही हूँ कि मुझे सैंटा क्लॉज में यक़ीन है। आपको अपनी सोच सकारात्मक रखनी पड़ेगी, डॉक्टर बेंजामिन। तनाव में रहक़र आप अपनी बेटी की कोई मदद नहीं कर रहे हैं। आपको अपना ख़याल रखना पड़ेगा।’

‘तुम सही कह रही हो, एना। ये अच्छी सलाह है।’

‘वह बेहद अहम काम कर रही है। अभी भी दुनिया में अच्छे लोग बचे हैं।’

एना को अचानक याद आता है कि क्यों उसने डॉक्टर को फ़ोन किया था। ‘शायद हमें मानवजाति के मनोवैज्ञानिक अध्ययन का विषय किसी और वक़्त के लिए बचाकर रखना चाहिए। फिर मैं आपको बताऊँगी मेरे अजीब-ओ-ग़रीब सपनों के बारे में। मैंने सपने में ख़ुद को अपनी ही परपोती के तौर पर देखा और फिर ख़ुद को उसकी परदादी की तरह..।’

‘मुझे लगता है तुम्हारा ये सुझाव सही है। फ़ोन करने के लिए शुक्रिया

एना।'

'मैं ऐस्टर की ख़बरों पर ध्यान रखूँगी, डॉक्टर बेंजामिन।'

'बेंजामिन... या डॉक्टर एँटोनसन'

'जी डॉक्टर एँटोनसन। मेरा मतलब, बेंजामिन। मुझे आपके कार्ड को ध्यान से पढ़ना चाहिए था।'

'अपना ध्यान रखना.'

'आप भी अपना ख़याल रखिएगा। मैं आपके लिए दुआ करूँगी।'

सर्दियों की एक रात

पेड़ों के बीच, वह सितारों से झिलमिलाते आसमान के नीचे बैठी है। अपने हाथों में उसने टर्मिनल थाम रखा है और पता लगा रही है कि आख़िर उसके ग्रह को हुआ क्या है.वह तबाही को देखना चाहती है। इसलिए जंगल में गई है। देखना चाहती है कि कैसे ये दुनिया तार-तार हो रही है। वह इसे देखने की इच्छा करते हुए शर्मिंदा है इसलिए अपने क़मरे में इसे देखने की हिम्मत नहीं जुटा पाई। *कभी भी कोई उसे ऐसा करते हुए देख सकता था। तुम्हें इस दयनीय हालत से बाहर आना होगा, नोवा!*

वह अपनी स्क्रीन पर नज़रें गड़ाए; एक विनाशकारी घटना से दूसरी तक। जो भी वह तलाश रही थी, उसे वह सब कुछ मिल जाता है। धरती की तबाही का ब्योरा देने वाले ऐप की कोई कमी नहीं थी। पृथ्वी के हर एक इंच की गतिविधियों को क़ैमरे क़ैद कर रहे थे : टर्मिनल दिखाता है

हिमखंडों को फिसलते हुए और अफ्रीका, अमेरिका, ऑस्ट्रेलिया और मध्य पूर्व एशिया में गहराते सूखे को। सच चार आयामी है। पहले उसे प्रकृति अपने पूर्ण रूप में नज़र आती है—उपजाऊ और विविधताओं से सराबोर। लेकिन, फिर तस्वीर बदल जाती है और स्क्रीन पर तबाही ही तबाही छा जाती है। वह देखती है हर महाद्वीप, हर देश, हर प्रांत को अपने प्राकृतिक सौन्दर्य और वैभव को गँवाते हुए। वाकई लाजवाब है कि ये दुनिया उसकी उँगलियों के इशारे पर नाच रही है, लेकिन उसे अहसास होता है कि यह एक डरावना नाच है।

वह दुनिया भर के समाचार कार्यक्रम, रिपोर्ट और डॉक्यूमेंट्री देख सकती है। ऐप के ज़रिए अपनी तलाश को और भी ज़्यादा पैना कर सकती है। सूचना के हरेक स्रोत तक पहुँच सकती है। पृथ्वी पर अब कोई सरहद नहीं है। ज्ञान की कोई सीमा नहीं है। सब कुछ ऑनलाइन उपलब्ध है और वह इस ज्ञान-कुंड में डूब गई है।

कभी एक इलाके को, तो कभी किसी और क्षेत्र पर अपना ध्यान केन्द्रित कर रही है। टर्मिनल एक टाइम मशीन है। इस मशीन के प्रभाव ने उसकी इंद्रियों पर कब्जा कर लिया है। उस मशीन में बेहतरीन स्पीकर हैं और उसके कानों से होते हुए धरती की चीखें उसकी रूह तक पहुँच रही हैं। न सिर्फ़ वह वर्षा वनों को कटते हुए देख सकती है, बल्किआरी के शोर तक को सुन सकती है। न सिर्फ़ पेड़ों को आग में झुलसते देख सकती हैं, बल्कि जलती लकड़ियों की चटचटाहट भी उसके कानों तक पहुँच रही है। दिल-दहला देने वाले तूफान और बवंडरों के वीडियो देखती है, बरसते पानी की टपटप, हवाओं की सरसराहट और लोगों की चीख भी सुन सकती है।

वह बड़े गौर से देखती है कि कैसे धरती की आबादी कम हो रही है— लाखों लोग भुखमरी से मर रहे हैं या प्राकृतिक आपदाओं में जान गँवा रहे हैं और जो बचे हैं वे संसाधनों पर छिड़ी जंग में ख़त्म हो रहे हैं।

जब से तबाही शुरू हुई है तब से जनगणना नहीं की गई। पर अनुमान है कि दुनिया की आबादी अब सौ करोड़ के नीचे आ गई है।

वह ज़मीन के जिन टुकड़ों को देख रही है, वे काल्पनिक नहीं हैं। उसे याद रखना होगा ऐप के दोनों निर्देशांकों—काल और अन्तराल को। 1960 के अमेज़न और 2060 के अमेज़न एक समान नहीं हैं। 2080 का सेरेंगेटी 1980 का सेरेंगेटी नहीं है। 2082 की धरती, 2012 की धरती जैसी नहीं है।

एना का काल, नोवा की हक़ीकत नहीं है। अब बारह बजने में पाँच मिनट नहीं बचे हैं। बारह बज चुके हैं... बारह बज चुके हैं।

वह उस वक़्त में आख़िरी बार वापस जाती है जब आख़िरी बार धरती में प्रकृति अपने पूर्ण रूप में थी, कभी न ख़त्म होने वाले वर्षावन, असीम घास के मैदान और अनगिनत प्रवाल-शैलमालाएँ। ये पारितंत्र अब इतिहास बन चुके हैं। इसलिए इनका पुराना वैभव देखकर दिल पसीज जाता है। ऐसा लगता है कि वह अपनी सूखी, भूरी धरती की नहीं, बल्कि किसी दूसरे ही ग्रह की तस्वीरें देख रही है।

उसकी आँखों से आँसू टपकने लगते हैं। टर्मिनल बन्द करती है और पल भर के लिए चारों तरफ़ सिर्फ़ अँधेरा नज़र आता है। पर दूर आसमान में लाखों तारे इस काली चादर को भेद रहे हैं। आकाशगंगा में तारों की चौड़ी पट्टी देखती है। ब्रह्मांड में हमारे जैसे लाखों सूरज हैं। लेकिन, वे इतने दूर हैं कि उनकी रौशनी से उसमें उम्मीद की किरण नहीं जगती है।

शायद जीवन उसी के ग्रह में बसता है। लेकिन, अगर एक दिन मानव जाति ही ख़त्म हो जाती है तो क्या होगा? क्या चांद-तारे-सूरज तब भी ऐसे ही चमकते रहेंगे, जब उनको देखने वाला कोई नहीं बचेगा?

वह रोना बन्द करती है और अपने आप को संभालती है। तय करती है कि अब दुखी नहीं रहेगी। संकल्प करती है कि जिन लोगों ने उसकी धरती को नष्ट किया है, उन्हें अपने आंसुओं को देखकर ख़ुश नहीं होने देगी।

दुनिया की विरासत

एना इंटरनेट पर बंधकों की हालत के बारे में पढ़ती है। पर उत्तरपूर्वी अफ़्रीका से कोई नई ख़बर नहीं आई है। वह टीवी पर एक छोटा सा समाचार कार्यक्रम भी देखती है। उसका प्रसारण उस सुबह हुआ था लेकिन आसानी से उसे डाउनलोड कर सकती थी—अपने नए फ़ोन को अब वह अच्छे से इस्तेमाल कर पाती है। ज़ल्दी ही उसे नॉर्वे के प्रसारण केन्द्र का पॉडकास्ट मिल जाता है और वो एक भाषण को सुनने लगती है जो उसने चन्द दिनों पहले रेडियो पर सुना था।

आधुनिक इन्सान हमारे सांस्कृतिक और ऐतिहासिक हालातों से मिलकर बना है, जिस सभ्यता ने हमें बनाया है उसी ने उसको भी ढाला है। हम कहते हैं कि हम सब एक ही सांस्कृतिक

धरोहर के सहभागी हैं। पर हम इस ग्रह के जैविक इतिहास के भी भागीदार हैं। हम एक ही जेनेटिक विरासत के भी सहभागी है।

मनुष्य जाति के पैदा होने से अरबों साल पहले भी इस धरती का अस्तित्व था। दरअसल, इन्सान को बनने में ही अरबों साल लगे। पर क्या हम अगले हज़ार साल भी और जीवित रह पाएँगे?

समय क्या है? समय को कई अलग-अलग नज़रिये से देखा जा सकता है : सबसे पहले एक इकलौते मनुष्य के नज़रिए से, फिर परिवार के दृष्टिकोण से, फिर सामाजिक और लिखित संस्कृति के नज़रिए से, और फिर उस नज़रिए से जिसे हम भूवैज्ञानिक समय कहते हैं। हमारा विकास चार पैरों वाले उन जीवों से हुआ है जो 35 करोड़ साल पहले समन्दर से बाहर निकलकर ज़मीन पर आए थे। आख़िरकार, हम ब्रह्मांडीय समय की धुरी पर रहते हैं। हम एक ऐसे ब्रह्मांड के निवासी हैं जो 137 करोड़ साल पुराना है।

लेकिन समय की ये अवधियाँ एक-दूसरे से उतनी दूर नहीं हैं जितनी हमें पहली नज़र में लगती हैं। इस ब्रह्मांड को हमें अपना कहने का पूरा हक़ है। हम जिस ग्रह पर रहते हैं उसकी उम्र ब्रह्मांड की उम्र का ठीक एक-तिहाई है, और जिस जंतु जगत कशेरुकी (यानी रीढ़ की हड्डी वाले) के हम सदस्य हैं, वे इस ग्रह और सौरमंडल के जीवनकाल के दस प्रतिशत समय से अस्तित्व में हैं। ब्रह्मांड इससे ज़्यादा असीम नहीं है। या यूँ कहें तो हमारी जड़ें इस ज़मीन में बस इतनी ही गहरी हैं, और इस धरती से हमारा रिश्ता भी इतना ही गहरा है।

पूरे ब्रह्मांड में शायद मनुष्य ही एक ऐसी प्रजाति है जिसके पास सर्वभौमिक चेतना है—इस रहस्यमयी और अखंड ब्रह्मांड की इतनी गहरी समझ भी है। तो जीवन चक्र को बनाए रखने की ज़िम्मेदारी सिर्फ़ वैश्विक ज़िम्मेदारी नहीं, बल्कि ब्रह्मांडीय ज़िम्मेदारी है।

इस ब्रह्मांड को अपना कहने का हमें पूरा हक़ है! जब पहली बार एना ने यह भाषण सुना था तब इस वाक्य ने उसे आकर्षित किया था। भले ही पूरे ब्रह्मांड में कहीं और जीवन हो या नहीं, मनुष्यों के लिए धरती ही पूरे ब्रह्मांड का प्रतीक था। और चेतना के उपहार की वजह से उसकी अलग ही पहचान है। पर दूसरे जीवों की ग़ैरमौजूदगी में मनुष्य जाति का विकास नहीं हो पाता। हम कुछ ख़ास छोटे जीवाणुओं के बग़ैर जीवित नहीं रह सकते। इन जीवाणुओं की ब्रह्मांडीय अहमियत है क्योंकि इन्हीं की बदौलत हम चेतन हो पाए हैं। इन सूक्ष्मजीवों के लिए तालियाँ हो जाएँ! उन्हें शायद अहसास न हो, पर इस ब्रह्मांड में उनका किरदार बेहद अहम है!

एना हँस पड़ी। ब्रह्मांड के अस्तित्व में इन सूक्ष्मजीवों का इतना बड़ा किरदार हो सकता है इस सोच ने उसे हँसने पर मजबूर कर दिया।

वह खिड़की से बाहर, एक बार फिर, उस पेट्रोल पम्प देखती है। अब उसे जोनस को फ़ोन करना ही पड़ेगा! लेकिन, इससे पहले कि अपनी सोच पर अमल कर पाती, जोनस का ही फ़ोन आ गया।

जोनस घाटी के ऊपरी हिस्से में रहता था, लो में। पिछले पतझड़ में जब उसने नए स्कूल में दाख़िला लिया था तभी पहली बार उन दोनों की मुलाक़ात हुई थी। उस स्कूल में प्रांत के लगभग आधे बच्चे पढ़ते थे और एक-दूसरे के घरों में मीलों का फासला आम था। इसी वजह से वे हर

शाम नहीं मिल पाते थे।

इस साल, नवंबर के मध्य से ही, स्कीइंग के लिए स्थिति अनुकूल थी। एना और जोनस पहाड़ों पर बनी उस कोठरी में मिलने लगे जिसका मालिकाना हक़ सदियों से एना के परिवार के पास था। और आज भी जोनस ने वहीं मिलने का प्रस्ताव रखा। उसने कहा कि यह आख़िरी मौक़ा है उसकी पन्द्रह वर्षीय प्रेमिका से मुलाक़ात करने का।

पर एना को ये बात पसन्द नहीं आई क्योंकि इस बात ने उसे उस चिट्ठी की याद दिला दी जो नाना ने अपनी परपोती को लिखा था। वो चिट्ठी ज़रूर 12 दिसम्बर 2012 से पहले लिखी गई होगी। नहीं तो सर्च फिल्टर में दिखाई नहीं देती।

'दरअसल मैं व्यस्त हूँ। थोड़ा काम है,' उसने कहा।

'ज़रूरी काम है?'

'हाँ, जोनस। एक मसला और भी है। क्या तुमने आज का अख़बार पढ़ा है?'

'हाँ। तुमने फ़ोन करने में इतनी देर लगा दी थी तो मैं ऑनलाइन गया था। क्यों क्या हुआ?'

'एस्टर एँटोनसन'

'जो औरत सोमालिया में बंधक है?'

'हाँ।'

'मुझे यक़ीन ही नहीं होता। वह तो हवाई अड्डे से बाहर ही निकली थी जब उसे अगवा कर लिया गया।'

'एस्टर एँटोनसन बेंजामिन की बेटी है। मैंने अभी उनसे बात की।'

'तुमने डॉक्टर बेंजामिन से बात की?'

'उनका नाम एँटोनसन है, जोनस। बेंजामिन एँटोनसन। मैंने उनका नाम गलत पढ़ा था।'

'तो उन्होंने तुम्हें फ़ोन करके बताया कि उनकी बेटी का अपहरण

हो गया है?'

'नहीं। मैंने उन्हें फ़ोन किया था।'

'क्यों?'

'छोड़ो न। इन्सान क्यों अपने ही घर को नष्ट करने पर तुला है इस बारे में मैं उनकी राय जानना चाहती थी। पर शायद मैंने उन्हें इसलिए फ़ोन किया था क्योंकि मैंने एस्टर की फ़ोटो देखी, और मुझे डॉक्टर बेंजामिन की मेज़ पर रखी एक तस्वीर की याद आ गई। लेकिन, वह फ़ोटो उनकी बीवी की थी, जब उनकी उम्र कम थी। दोनों बिलकुल एक जैसे लगते हैं..।'

'एना—क्या हम इस बारे में मिलकर बात कर सकते हैं... तुम आ रही हो न?'

उसने थोड़ा नखरा दिखाना चाहा। '... हाँ, मगर एक शर्त पर'

'क्या?'

'मेरी एक दिक़्क़त को सुलझाने में मुझे तुम्हारी ज़रूरत है?'

'बताओ न। मैं तुम्हारे लिए कुछ भी कर सकता हूँ।'

'हम किस तरह पेड़-पौधों और जानवरों की 1001 प्रजातियों को बचा सकते हैं?'

'क्या? क्या इसका सम्बन्ध हमारे प्रेशर ग्रुप से है'

'सीधे तौर पर नहीं। लेकिन, मुझे एक मसले को बेहतर समझना है...जिस मसले को मैंने सपने में देखा, जोनस, जिसे मैंने कल रात सपने में देखा।'

'क्या एना! लेकिन, 1001 ही क्यों? यही संख्या क्यों?'

वह मुस्कुराकर बोली, 'ये संख्या अच्छी है। अलिफ़ लैला जैसी। बच्चे अक्सर हज़ारों- हज़ार कहते हैं जब वे बहुत बड़ी संख्या को बताना चाहते हैं। मैं तो सिर्फ़ 1001 ही कह रही हूँ।'

‘तुम पागल हो।’

‘शायद। मैं भी सोचती हूँ कि मेरा मानसिक सन्तुलन थोड़ा सा बिगड़ गया है। यह मुझे चिंतित भी करता है। लेकिन, डॉक्टर बेंजामिन ने कहा कि सब ठीक है।’

‘फिर उनकी राय पर भरोसा करने के अलावा हमारे पास दूसरा चारा नहीं है।’

‘जब हमारी मुलाक़ात होगी, तब तुम मुझे बताना कि कैसे हम 1001 प्रजातियों को बचा सकते हैं? अगर तुम ऐसा कर पाते हो तो मैं तुम्हें चूम लूँगी, नहीं तो, हमेशा के लिए सलाम-नमस्ते, ठीक है?’

‘फिर तो मैं ज़रूर बताऊँगा। मैं तुमसे जुदा नहीं होना चाहता।’

‘मुझे लगता नहीं है कि मैं भी तुम्हें अलविदा कह पाउंगी। मैं तुमसे बेहद मोहब्बत करती हूँ।’

‘मिलते हैं फिर।’

‘रुको!’

‘क्या तुम समानान्तर ब्रह्मांडों में यक़ीन करते हो?’

‘एना!’

‘मुझे ऐसा लगता है कि मैं दो अलग- अलग दुनिया में जी रही हूँ। कम से कम दो अलग-अलग दुनियाओं से जुड़ी हूँ। दूसरी दुनिया में कुछ है... और वो मुझे संदेश भेज रहा है।’

‘हमने पहले भी इस बारे में बात की है।’

‘मैं जानती हूँ।’

‘जब तुम ऐसी बातें करती हो तो मैं डर जाता हूँ।’

‘तुम क्यों डरते हो? क्या तुम इस बात से डरते हो कि एक समानान्तर दुनिया है या फिर इस दुनिया की जो हालत है वो तुम्हें डराता है?’

‘तुम्हारे दिमाग़ जो चलता रहता है मैं उससे डरता हूँ।’

'कोई ज़रूरत नहीं है डरने की। तुम से थोड़ी देर में मिलती हूँ, जोनस।'

'अपना ख़याल रखना। और हो सके तो इस दुनिया, हमारी दुनिया पर भी थोड़ा ध्यान दो—ठीक है?'

'ठीक है। मैं कोशिश करती हूँ। थोड़ी देर में मिलते हैं।'

'मिलते हैं ज़ल्द।'

एना इस बारे में सोच ही रही थी कि फिर से वही हुआ: उस दूसरी दुनिया की एक और बात उसे याद आ गई, दूसरी दुनिया में होने वाला रोज़ का नजारा...

गुब्बारे

वह हाथ में लाल हीलियम गुब्बारों का गुच्छा थामे बगीचे में आती है। हर गुब्बारे पर एक विलुप्त जानवर की तस्वीर है। वह उन गुब्बारों को बेचने आरामगाह तक जाने का फैसला करती है। वह एक नए टर्मिनल के लिए काफी दिनों से पैसे इकट्ठा कर रही है। कई लोग शेर या जिराफ की तस्वीरों वाले गुब्बारे अपने बच्चों के लिए ज़रूर ख़रीदेंगे, ऐसा उसका मानना है।

बगीचे में उसकी माँ और पिता दोनों सीढ़ियों पर हैं, और अपने हाथों से फल के पेड़ों का परागण कर रहे हैं। अब मधुमक्खियाँ नहीं रहीं। सौ साल पहले ही, कई कारणों से, मधुमक्खियों की आबादी में भारी गिरावट की शुरुआत हो गई थी। फिर अचानक सारी मधुमक्खियाँ ही ग़ायब हो गईं। जो काम करोड़ों मधुमक्खियाँ करती थीं, वह काम अब इन्सानों को करना पड़ रहा है।

उसकी माँ और पिता उसे जाते देख अलविदा कहते हैं। दोनों ने नीले रंग की पोशाक पहनी है। वह उन्हें देखती है और उसे अहसास होता है कि उसकी माँ कितनी ख़ूबसूरत हैं और पिता कितने शालीन।

'गुब्बारे बढ़िया हैं,' पिताजी कहते हैं।

'पर उनको बेचना कितना शर्मनाक है,' उसकी माँ बोल पड़ती है।

एक बड़ी सी थाली लेकर नाना भी बगीचे में आ जाती हैं। उन्होंने कैसरोल बनाया है। पर नोवा जानती है कि यह खाना प्राकृतिक नहीं बल्कि कृत्रिम सामग्री से बना है। ऐसे खाने से वह पूरी तरह ऊब चुकी है हालाँकि उसे बताया गया है कि इसमें सभी पोषक तत्व हैं, जिनकी ज़रूरत इन्सानी शरीर को होती है।

नाना को खाना परोसने में मदद चाहिए। वह नाना की थाली से कुछ उठाने के लिए उनकी ओर बढ़ती है और गुब्बारों को अपने दाएँ हाथ की जगह बाएँ हाथ से पकड़ने की कोशिश करती है। लेकिन, उसका ध्यान एक क्षण के लिए भटक जाता है और पलक झपकते ही सारे गुब्बारे छूट जाते हैं।

गुब्बारे उसके सर के ठीक ऊपर हैं। कूदकर उन्हें पकड़ने की कोशिश करती है। पर गुब्बारे अब उसकी गिरफ्त में नहीं आना चाहते और तेज़ हवाओं की मदद से पल भर में नीले आसमान में लाल बिन्दुओं की तरह बिखर जाते हैं।

स्विमिंग पूल

दो सम्भावनाएँ थीं। वह भविष्य की दुनिया के बारे में एना का सपना था, जिसे उसने पिछली रात देखा था—माला में पिरोए मोतियों की तरह उसने एक के बाद एक रंगीन कहानियाँ गूंथी थीं, बिस्तर पर जाने से लेकर जगने तक। या फिर, इसी ब्रह्मांड से ख़्वाब के अलग-अलग हिस्सों को काफी अरसे से बटोरती आई है, लेकिन, पहली बार उसे पूरा सपना याद है। नाना और लाल अँगूठी वाला ख़्वाब बीते रात का ही था क्योंकि उस ख़्वाब के दौरान एना की नींद टूट गई थी, और शायद उस ख़्वाब ने कइयों को खो जाने से बचाया था।

किस संभावना के सच होने के ज़्यादा आसार हैं? और कौन सी संभावना ज़्यादा भरोसेमन्द है?

शायद एक तीसरी संभावना भी थी और अभी तक एना उसे नकार

नहीं पा रही थी: उसने जो कुछ भी अपने ख़्वाब में देखा, वो हक़ीकत था। शायद, हक़ीकत में भविष्य में उसकी एक परपोती थी, एक चमत्कारी बच्ची जो अपने ख़याल अपनी परदादी तक पहुँचा रही थी, जबकि वह परदादी, एना, ख़ुद एक बच्ची थी। प्रकृति में ऐसी ढेरों मिसालें हैं जिन्हें कोई समझ नहीं सका है। मिसाल के तौर पर, समय को ही ले लीजिए। समय है क्या?

एक चीज़ तो पक्की थी : नोवा के मम्मी-पापा, जो हाथों से पेड़ों का परागण कर रहे थे, वो उसके मां-पिता जैसे बिलकुल नहीं दिखते थे। न ही उनकी शक्ल किसी ऐसे इन्सान से मिलती थी जिसे एना जानती हो।

उसने नोवा की माँ जैसी ख़ूबसूरत औरत को कभी नहीं देखा था, फ़िल्मों में भी नहीं। और न ही उसकी मुलाक़ात कभी ऐसे मर्द से हुई थी जो नोवा के पिताजी से ज़्यादा सुन्दर-सुडौल हो। उनकी आँखों की चमक को भुलाया नहीं जा सकता था। उन्हें दुबारा देखने के लिए एना सैकड़ों मीलों का सफ़र तय कर सकती थी।

या फिर उसके पास अलौकिक शक्तियाँ थीं और जिन लोगों को उसने देखा था, भविष्य में उनका अस्तित्व ज़रूर होगा। या फिर उसने अपनी कल्पना से दो अद्वितीय इन्सानों की रचना की थी। इसमें कोई शंका नहीं थी कि उसकी कल्पना बेहद जीवन्त थी। पर कौन सा विकल्प ज़्यादा रोमांचक था? शायद, उसी ने दोनों विकल्पों को तैयार किया था।

अगर वह चित्रकारी कर सकती तो नोवा के माता-पिता के चेहरों के मामूली से मामूली ब्यौरे को काग़ज़ पर उतार पाती। अगर रास्ते में चलते-चलते वो उसके सामने से गुज़र जाते तो उन्हें पहचानने में उसे एक क्षण भी नहीं लगता। दोनों में से एक—नोवा की माँ या फिर उसके पिता—एना की पोती या पोते थे!

उसे वह ख़त दोबारा याद आता है जो नोवा को ऑनलाइन मिला था, वही ख़त जो नाना ने नोवा को लिखा था। पर नाना तो ख़ुद एना ही थी।

एना के शरीर में लहर सी दौड़ गई। हर एक सिरा घूम-फिर कर उसी पर रुक रहा था।

पर चेतना क्या है? और ख़्वाब क्या होते हैं?

जब वह बाथरूम में थी, एना को एक और घटना याद आती है। वसंत में बगीचे में गई थी। उसकी माँ एक लम्बा फीता लिए बागान के चक्कर काट रही थीं। एना ने जब उनसे पूछा कि वह क्या कर रही हैं, तो उन्होंने कहा कि हम सोच रहे हैं कि बाग की जगह एक स्विमिंग पूल बनवाया जाए। तालाब बनवाने का ख़र्च, जितना उन्होंने अनुमान किया था, उससे काफी कम था।

पहले तो यह सुनकर एना का मुँह खुला का खुला रह गया था। फिर उसने सोचा कि क्या मम्मी ने अपना दिमाग़ी सन्तुलन गँवा दिया है? बगीचे में स्विमिंग पूल के लिए जगह नहीं थी। लेकिन, माँ इस बात पर अड़ी थी कि जगह की कोई कमी नहीं है। वह इतना आश्वस्त इसलिए थीं क्योंकि उन्होंने पूरा बगीचा नापा था। उन्हें सारे फल देने वाले पेड़ों को काटना पड़ेगा। गुलाब और रेडकरंट की झाड़ियाँ भी नहीं बचेंगी। बगीचे में तो मधुमक्खी का छत्ता भी था लेकिन पापा ने बहुत पहले ही मधुमक्खी पालना छोड़ दिया था।

'गर्मियाँ इतने कम दिनों के लिए रहती हैं, एना। गर्मियों में तैरना कितना अच्छा लगता है। और ये बहुत बढ़िया व्यायाम भी है।'

लॉन में सफ़ेद रंग की एक बेंच और कुर्सियाँ भी थीं। एना ने अपनी माँ को बुलाया और उन्हें बैठने को कहा। उन्होंने वैसा ही किया जैसा एना चाहती थी। एना ठीक उनके सामने बैठी ताकि अपनी माँ की आँखों में देख सके।

'क्या आपने बगीचे के फायदों को अपने *अनुमान* में शामिल किया है? हम जो नाशपाती और आलू-बुखारे खो देंगे, उसका क्या? चेरी, रेडकरंट और गुलाब की झाड़ियों के बारे में सोचा है क्या आपने?'

सिर्फ़ ख़ूबसूरती ही बगीचे का इकलौता फायदा नहीं है, उसने कहा। बगीचे प्रकृति का घर हैं। पर ये भी सच था कि एना को लॉन और उसके चारों ओर लगे लाल-सफ़ेद फूलों के पौधे भी बेहद पसन्द थे। उसे बगीचे में पैदल चलना और नाशपाती के पेड़ पर चढ़ने में बहुत मजा आता था।

'मुझे यहाँ अच्छा लगता है,' उसने कहा।

इसके बाद फिर कभी भी स्विमिंग पूल के बारे में किसी ने बात नहीं की।

ट्यूलिप

हाथ में लाल ट्यूलिप फूलों का गुच्छा लिए वह नदी के किनारे टहल रही थी, जिसे उसने शायद किसी दुकान से ख़रीदा था।

अचानक दूसरे पार से धमाके की आवाज़ सुनाई दी। वह दूसरे किनारे पर जाती है और उसे चीड़ के जंगलों से लगातार आवाज़ें सुनाई देती हैं। एक पेड़ गिरते देखती है। फिर एक और।

पहाड़ी के ऊपर, जहाँ सबसे तेज़ आवाज़ सुनाई दे रही थी, वहाँ जाती है। वहाँ नीली पोशाक पहने लोगों का दस्ता खड़ा था। वे कुल्हाड़ी से पेड़ों पर प्रहार कर रहे थे। तक़रीबन बीस लोग थे वहाँ। वे इतने लम्बे-चौड़े थे कि उसे लगा उनकी लम्बाई कम से कम 2 मीटर होगी और उनका वज़न सौ किलो।

एक आदमी ने लाल रंग की उस्मानिया टोपी पहनी हुई है। वह ज़रूर इस दस्ते का अगुआ होगा। उसके पास जाती है और उसकी गहरी नीली आँखों में झाँकने लगती है। उसे देखकर आदमी रुक जाता है।

'यहाँ क्या चल रहा है?' पूछती है।

अपने माथे से पसीना पोछते हुए उस आदमी ने कहा, 'हम जंगल साफ़ कर रहे हैं।'

'क्यों?'

आदमी हँसने लगता है। शायद उसे सवाल बचकाना लगा। पर उस आदमी को ग़ुस्सा नहीं आया था।

'यहाँ पर पवन चक्की लगने वाले हैं। इसलिए पेड़ों को काटा जा रहा है। कुछ पाने के लिए कुछ खोना पड़ता है, मेमसाहब। यही दुनिया की रीत है।'

'मेरा मानना है कि जंगल को खोना शर्मनाक है।'

वह फिर हँस पड़ता है और लाल ट्यूलिप के गुच्छे को देखता है। 'लेकिन, शायद, मुद्दा वह नहीं है।'

'क्या कहना चाह रहे हैं आप?'

'पूछो कि हमें यह काम पूरा करने में कितना वक़्त लगेगा?'

'आपको यह काम पूरा करने में कितना वक़्त लगेगा?'

वह आसमान की तरफ़ इशारा करते हुए कहता है, 'अभी वसंत की शुरुआत हुई है, हम बीस लोग हैं और हमारी कुल्हाड़ियों की धार भी बनी हुई है। मुझे लगता है कि क्रिसमस तक काम पूरा हो जाएगा।'

वह सिर हिलाती है। 'फिर, आपको क्रिसमस की शुभकामनाएँ।'

उसे ट्यूलिप का गुच्छा देती है : 'लीजिए। मुझे लगता है कि यह आपके लिए ही है।'

वह लम्बा-चौड़ा आदमी आदर से झुककर उसका अभिनंदन करता है।

‘बहुत-बहुत शुक्रिया। एक मजे की बात बताऊँ?’

एना को कुछ समझ नहीं आया। वह उसकी गहरी नीली आँखों में देखते हुए हाँ में सिर हिलाती है।

‘अगर मेरे पास पेट्रोल का कैन होता और मशीनी आरी होती तो मैं अकेला ही ये काम चन्द दिनों में पूरा कर सकता था।’

इंजन की चाबी

जाने के लिए एना जैसे ही मुड़ती है तो उसकी नज़र उन दो बक़्सों पर पड़ती है : *दुनिया क्या है? और क्या किया जा सकता है?* वह सारे प्रिंटआउट और कटिंग को निकालती है और थैले में डालकर अपने जैकेट के पॉकेट में, फ़ोन के साथ, रख लेती है। ज़ल्दी ही, वह पेट्रोल पम्प के रास्ते के लिए निकल पड़ती है। उसने स्कीइंग पोल को अपने बाएँ हाथ में और स्की को अपने दाएँ कंधे पर रखा हुआ है।

गाड़ी धोने की जगह के सामने एक गाड़ी खड़ी है जिसका इंजन चालू है। एना अपने स्की पहन ही रही थी जब उसने पीले लबादे में एक औरत को गाड़ी की तरफ़ जाते हुए देखा। उसके एक हाथ में हॉट डॉग था और दूसरे में एक मैगजीन।

'मैं बस तुम्हारा इंजन बन्द करके चाबी को बर्फ़ में फेंकने ही वाली

थी,' एना ने चीखकर कहा। फिर उसने अपने स्की उतारे और वो चल पड़ी पहाड़ों की ओर।

हम अपने ग्रह को नष्ट कर रहे हैं, उसने सोचा। हम ज़िम्मेदार हैं इस तबाही के लिए और हम खुलेआम ऐसा कर रहे हैं।

कुछ दिनों पहले उसने केबिन के लिए एक और चाबी बनवाई ताकि जोनस उसकी ग़ैरमौजूदगी में भी अन्दर जा सके। वह सोच रही थी कि आज पहले कौन पहुँचेगा। जोनस को आठ किलोमीटर का सफ़र तय करना था जबकि उसे केवल पाँच। लेकिन, जोनस उससे तेज़ स्की कर सकता था। एना ने जोनस को सोचने के लिए काफी कुछ दे दिया था, लेकिन, उसे यक़ीन था कि उस वजह से जोनस को देरी नहीं होगी। शायद वह और भी तेज़ हो जाए। जितना ज़ल्दी सोचोगे, उतनी ही ज़ल्दी स्की कर पाओगे। इसका उल्टा भी उतना ही सही था : जितनी ज़ल्दी स्की करोगे, उतना ही तेज़ सोचोगे।

स्की करते हुए एना सोमालिया में बंधक की स्थिति के बारे में सोच रही थी और उसके बाद डॉक्टर बेंजामिन से हुई बातचीत के बारे में। निकलने से पहले उसने सोमालिया से आने वाली ख़बरों को जानने की कोशिश की थी। उसने पढ़ा था कि सोमालिया के तट पर मछलियाँ पकड़ने ढेरों विदेशी जहाज आया करते थे और शायद यही वजह थी समुद्री डकैतों की मौजूदगी की। तटीय सोमालिया में कई दशक से ग़ैर-कानूनी तरीक़े से यूरोपीय जहाज मछलियाँ पकड़ते थे और सालाना करोड़ों डॉलर का कारोबार करते थे। सोमालिया ने संयुक्त राष्ट्र को इस पर सैन्य रोक लगाने की विनती भी की थी.... उसने ये भी पढ़ा था कि सोमालिया ने उसके तटीय इलाकों में तेल के कुएँ खोदने की केन्या की योजनाओं का भी विरोध किया था। संयुक्त राष्ट्र समुद्री कानून संधि के मुताबिक, इनमें से कई इलाकों पर सोमालिया का ही हक़ था। चार बड़ी तेल कंपनियाँ इससे जुड़ी थीं, जिनमें नॉर्वे की स्टैटॉयल भी शामिल थी।

लेकिन, बंधकों के बारे में कोई नई ख़बर नहीं थी, सिर्फ़ एक लेख था जिसमें कहा गया था कि अभी तक फिरौती की कोई माँग नहीं की गई है।

एना लम्बी चाल की मदद से ऊपरी खेतों तक पहुँच गई थी। जब वह आख़िरी खेत के पास पहुँची तो एक हरे रंग का पोस्टबॉक्स देखकर सम्मोहित सी हो गई, और पल भर के लिए रुक गई। क्या उसने अपने ख़्वाब में हरे रंग के पोस्टबॉक्स नहीं देखे थे? या उसने मशीनों के बारे में सपना देखा था? वह ठीक तरह से याद नहीं कर पा रही थी। शायद दिन बीतने के साथ उसे उसके सपने याद आ जाएँगे। अभी तो बारह ही बजे थे।

वह लिया जंगल तक पहुँचती है जहाँ नोवा उसके साथ तारों के नीचे बैठी थी। साँस भरने के लिए रुकती है और फिर अपने स्की पोल को थामकर मन ही मन मुस्कुराने लगती है।

एना के पास एक गुप्त जगह थी। पेड़ों के बीच उस स्थान पर सर्दियों की शामों में बिलकुल अँधेरा रहता था क्योंकि वह गाँव से दूर था और स्की करने के आम रास्ते से भी। वह अँधेरे में खड़े होकर वहाँ से तारों को निहार सकती थी बिलकुल वैसे ही जैसे नोवा ने किया था।

धरती पूरे ब्रह्मांड का सबसे रोमांचक ग्रह थी। क्या कोई गिलहरी किसी ब्लैक होल से ज़्यादा अहमियत नहीं रखती? उसके लिए एक खरगोश या लोमड़ी किसी बेजान सुपरनोवा से ज़्यादा मायने रखती थी।

पर एना सिर्फ़ रात में ही उस जगह पर नहीं जाती थी। एक बार, ज़्यादा दिनों पहले की बात नहीं है ये, जोनस के साथ मनमुटाव के बाद, एना अकेले रहना चाहती थी। दोनों में उसकी 'अलौकिक दृष्टि' को लेकर मतभेद हो गया था और उसे इतना ग़ुस्सा आया था कि वो भागकर जंगल में चली गई थी।

पेड़ों के बीच उस जगह पर उसने कभी किसी इन्सान को नहीं देखा था। पर उसने हिरण देखे थे। उसे हमेशा ही हिरण इन्सानों से ज़्यादा

रहस्यमयी लगते थे। उन्हें काम पर नहीं जाना पड़ता था। उन्हें स्कूल जाने की भी ज़रूरत नहीं थी। उनको घर, धर्म या बीमा के बारे में नहीं सोचना पड़ता था। उनके नाम नहीं होते थे, ना ही किसी पहचान-पत्र का झमेला था। बस मौजूद थे। बावजूद इसके वे किसी भी इन्सान से कम ज़िन्दादिल नहीं थे।

किसी हिरण के दिमाग़ में क्या चलता होगा? क्या उसकी सोच किसी ऊँट की सोच से अलग होती होगी?

ख़्वाब में नोवा, उसी मैदान में बैठी थी। नहीं, बैठी नहीं थी। वह बैठेगी अपने टर्मिनल के साथ, सत्तर साल बाद। एना को यक़ीन था कि ये कोई संयोग नहीं था कि नोवा ने वही जगह चुनी जो एना को भी पसन्द थी। एना ने तय किया कि अगर वह कभी किसी नोवा नाम की लड़की की परदादी बनेगी तो उसे यह जगह ज़रूर दिखाएगी।

उसे अचानक अहसास हुआ कि उसकी सोच गोल-गोल घूम रही थी। वह इतनी ज़ोर से हँसी कि झाड़ियों में बैठे पंछी घबरा गए। फिर चल पड़ी और तक़रीबन पन्द्रह मिनट बाद वह पठार पर जा पहुँची। सूरज की रौशनी में नहा गया थावो का विशालकाय पहाड़, उसका चट्टानी चेहरा आगे की ओर झुका हुआ था।

रास्ते

पतझड़ ख़त्म होने ही वाला था और उसने एक लाल स्कार्फ पहन रखा था। वह संकरे रास्ते से होते हुए पुराने खेत की ओर जा रही थी। तीखी पहाड़ियाँ उसके पीछे छूट गई थीं–पठार तक पहुँच गई। यहाँ भूर्ज का जंगल और घना हो गया। वह जानती है कि कभी ये ज़मीन पूरी तरह बंजर थी लेकिन आज यहाँ तमाम पेड़ और झाड़ियाँ उगती हैं। और यहाँ से न तो पहाड़ों को देख सकती है और न ही बर्फ़ को। वह जानती है कि सबसे ऊँची चोटियों पर काई जमी हुई है; उन पहाड़ों के बारे में उसके पास उतनी ही जानकारी है जितनी उसके पास दंतकथाओं की है। शायद एक दिन इस जंगल को इतने अच्छे से जानेगी कि इसके रास्तों और उबड़-खाबड़ पगडंडियों को पहचान जाएगी, लेकिन फ़िलहाल नहीं जान सकती।

उसे घास पर चलना अच्छा लगता है। पतझड़ में सूरज की रौशनी में लाल और पीले पत्तों की सुन्दरता और निखर कर आती है—और, इस वर्ष तो जंगल की ज़मीन पर अलग-अलग क़िस्म के बेरों की कालीन सी बिछी हुई है।

वह धीमे-धीमे क़दम रखती है। मानो ज़मीन पर नहीं बल्कि कुछ इंच ऊपर चल रही हो। जिस रास्ते पर चल रही है, वो किसी दूसरे रास्ते को काटती है। बिना सोचे-समझे वह नए रास्ते पर बढ़ जाती है—केबिन को अभी मेरा थोड़ा और इन्तज़ार करना पड़ेगा।

उसे बेहद मजा आ रहा है लेकिन थोड़ी शर्मिंदगी भी हो रही है। अगर यहाँ भूर्ज के पेड़ हैं तो इसका मतलब है कि पहाड़ों के मूल पेड़-पौधे और जीव-जंतु ख़त्म हो गए हैं। पहाड़ों पर घास चरती भेड़-बकरियों वाला नजारा भी ग़ायब हो गया है। इस जंगल के भूलभुलैया जैसे रास्तों के लिए महंगी क़ीमत चुकानी पड़ी है, और क़ीमत है दुनिया के दूसरे इलाकों में सूखा और भुखमरी।

पर उसे इस ज़मीन से बेहद लगाव है। यहीं उसका घर है।

वह लाल रंग के एक बॉक्स तक पहुँचती है जिसमें एक संतरी खड़ा है.वह एक बूम बैरियर के पास सीधा खड़ा है। एना चौंकती है लेकिन बहुत ज़्यादा नहीं, क्योंकि ये उसका जंगल है और उसे इसके कायदे-कानून मालूम हैं।

संतरी उसके टर्मिनल को देखना चाहता है। वो उसके कहने पर मशीन उसे दे देती है। टर्मिनल को चालू करता है और गौर से देखता है। ऐसा लगता है कि कुछ ही सेकंड में उसने हज़ारों वेबसाइट देख डाले हैं। लेकिन फिर वो टर्मिनल एना को वापस करता है, बैरियर हटाता है और उसे जाने देता है।

माउंटेन फार्म

एना ने केबिन का दरवाज़ा खोला। उसे नमी और ठंड का अहसास हुआ तो उसने वुड बर्नर जलाया और चाय के लिए पानी रख दिया।

कभी-कभी जब वह ख़ुद यहाँ आती थी तो उसे अहसास होता था कि अपने अदृश्य दोस्तों के साथ है। उसके दिमाग़ में आवाज़ों की गूँज सुनाई देने लगती थी। और अगर वह अच्छे मूड में होती तो चिल्लाने लगती: 'नहीं, मैं तुम्हारी इस बात से सहमत नहीं हूँ!' या 'बिल्कुल! मैं हमेशा ऐसा ही सोचती हूँ!' इतनी ज़ोर से चिल्लाती थी कि आसपास उड़ रहे पक्षी भी डर जाते थे। अगर कोई अन्दर आता तो उसे लगता कि वह ख़ुद से ही बात कर रही है। लेकिन, जो हो रहा होता था उससे वह कभी नहीं डरी।

अचानक उसने ख़ुद को चिल्लाते हुए सुना : 'एस्टर! एस्टर कैसी है?'

एना ने जेब से अपना स्मार्टफ़ोन निकाला और देखा। सिग्नल अच्छा था। उसने अपने पसन्दीदा अख़बार के लिंक पर क्लिक किया और उस पर ख़बर आने लगी :

> **ब्रेकिंग न्यूज :** अमेरिका और मिस्र के बन्धकों को सोमालिया में क़ैद से रिहा कर दिया गया है और वे सही-सलामत केन्या पहुँच चुके हैं, जहाँ उनकी देखभाल केन्याई अधिकारी और संयुक्त राष्ट्र के विश्व खाद्य कार्यक्रम के कर्मचारी कर रहे हैं। केवल नॉर्वे की सहायता कर्मी एस्टर एँटोनसन अभी भी अपहरणकर्ताओं की क़ैद में हैं। सारा हैम्स और अली अल-हामिद (तस्वीरों में) ने अपहरणकर्ताओं की माँगें बताई हैं—एँटोनसन को रिहा करने के एवज में स्टेटॉयल को गारंटी देनी होगी कि वे सोमालिया की जल सीमा में केन्या के नेतृत्व में होने वाले तेल की खोज में शामिल नहीं होंगे। हैम्स और अल-हामिद ने अपहरणकर्ताओं को पेशेवर और मजबूत इरादों वाले लोग बताया और कहा कि वे इस तरह की ख़ुदाई को अवैध मानते हैं...

एना को अब आगे पढ़ने की ज़रूरत नहीं थी। उसने बेंजामिन को फ़ोन लगाया। उन्होंने कुछ सेकंड बाद उसका कॉल उठाया :

'बेन! एना बोल रही हूँ। कैसे हैं आप?'

'मैं फ़ोन पर ज़्यादा बात नहीं कर सकता।'

'क्या आपको पूरी मदद मिल रही है?'

'मुझे तो मदद करनी भी है। एस्टर के पति और बच्चे हैं।'

'क्या अभी आपके साथ कोई है?'

'इस समय तो नहीं। लेकिन फ़ॉरेन ऑफ़िस मुझे ताजा जानकारी के लिए फ़ोन करते हैं।'

'और किसी की सीधे एस्टर से बात हुई है क्या?'

'नहीं, किसी की नहीं। मुझे सबसे ज़्यादा चिन्ता इस बात की है कि वो कैसी है।'

'बेशक।'

'एस्टर को बचपन से क्लॉस्ट्रोफोबिया है। तुम्हें पता है इसका क्या मतलब है?'

'वो बन्द जगहों से डरती है।'

'और मैं मनोचिकित्सक होकर भी उसका इलाज करने में सक्षम नहीं था। जब वह न्यूयॉर्क में होती है तो चालीस मंजिल तक की सीढ़ियाँ चढ़ जाती है ताकि उसे लिफ्ट में नहीं जाना पड़े। एना, मुझे जाना पड़ेगा। मुझे फ़ोन काटना पड़ेगा।'

'रुकिए!'

'फिर, ज़ल्दी बोलो!'

'हिम्मत रखिए। कोई भी बुरा ख़याल मन में मत आने दीजिए। अपना मोबाइल लीजिए और थोड़ी दूरी तक जॉगिंग कर आइए।'

'तुम अजीब बच्ची हो, एना। लेकिन तुम्हारा शुक्रिया!'

ख़ुद को व्यस्त रखने के लिए एना ने अपनी जेब से कतरनें निकालीं और उन्हें टेबल पर फैला दिया : *दुनिया क्या है? एक छोर पर और क्या करना है?* दूसरे छोर पर।

वो खिड़की से बहुत दूर नहीं गई ताकि जोनस को आते हुए देख

सके। यहाँ ढलान पर दक्षिण-पश्चिम में कई किलोमीटर तक उसे सब कुछ साफ़-साफ़ नज़र आता था। वह इसी दिशा से आएगा, लेकिन उसे कोई भी हलचल होती नहीं दिखी। यहाँ तक कि उस जगह पर भी नहीं, जहाँ तक उसकी नज़र जा रही थी और वहाँ पर बर्फ़ की मोटी परत बिछी हुई थी।

दिन आधा ख़त्म हो चुका था इसके बावजूद आसमान में सूरज नीचे था। ये विंटर सोल्सटिस यानी 22 दिसम्बर से कुछ दिनों पहले की बात है। तेज़ रोशनी खिड़की से सीधी आ रही थी और उसकी आँखों पर पड़ रही थी।

उसने उम्मीद की कि एस्टर किसी अँधेरे क़मरे में नहीं लेटी होगी, उसके हाथ उसकी पीठ के पीछे बंधे हुए नहीं होंगे और उसका सिर ज़मीन की तरफ़ झुका नहीं होगा, हालाँकि एना ने बिलकुल इसी नजारे की कल्पना की थी। उसने इन विचारों को एक तरफ़ करते हुए ये मानने का फैसला किया कि एस्टर के अपहरणकर्ता उसके साथ अच्छा बर्ताव कर रहे होंगे। उसे उम्मीद थी कि स्टेटॉयल ज़ल्द ही बंधक बनाने वालों की माँग को पूरा करने की गारंटी देगा। अगर ऐसा नहीं होता है तो वह अगले दिन अपने प्रेशर ग्रुप के लोगों के साथ एक प्रदर्शन का आयोजन करेगी।

मेज़ पर पड़ी कई कतरनों में से एक में विश्वास और आशा के बारे में बात की गई थी। यह कतरन, *दुनिया क्या है?* वाले डिब्बे में थी।

वर्तमान सिद्धांतों के अनुसार, ब्रह्मांड लगभग 13.7 अरब साल पहले अस्तित्व में आया। इस घटना को हर कोई 'द बिग बैंग' थ्योरी के रूप में जानता है। लेकिन ज़रूरी नहीं कि ब्रह्मांड का जन्म ही सभी चीज़ों की शुरुआत हो। हो सकता है कि बिग बैंग वाली घटना एक अवस्था से दूसरे अवस्था में बदलने का कारण रहा हो।

ब्रह्मांड के 'नीचे' या 'पीछे' क्या है, इसकी व्याख्या कोई नहीं कर सकता। यह एक अनसुलझी पहेली है। इसके रहस्य के सामने हथियार डालने भर के लिए कोई हमें दोष नहीं दे सकता।

अँधेरी रात में बाहर देखना अपनी बुद्धि की सीमा को पहचानना है। इन सीमाओं से परे आस्था और विश्वास के लिए असीमित अवसर हैं..।

हमारे पास इस विश्वास और आशा की काबिलियत है कि हमारी दुनिया बचा ली जाएगी। पर हम पक्का नहीं कह सकते कि एक नई पृथ्वी और एक नया आकाश हमारी प्रतीक्षा कर रहा है। इस पर शक है कि अलौकिक शक्तियाँ कभी भी कयामत वाला दिन लाएँगी। हालाँकि, एक दिन, हमारे ही वारिस हमें अपनी कसौटी पर कसेंगे। अगर हम उनके बारे में सोचना भूल गए तो वे हमें कभी नहीं भूल पाएँगे।

*अँधेरी रात में बाहर देखना अपनी बुद्धि की सीमाओं को पहचानना है...*शायद अँधेरे में बाहर देखना अपने ही मन में देखने जैसा है। एना ने माना कि ये उतना ही रहस्यमय था। लेकिन क्या उसके दिमाग़ में चल रही पहेलियों और ब्रह्मांड की पहेलियों के बीच कोई सम्बन्ध हो सकता है?

जलवायु कोटा

बारिश कम हो रही है। उसने ऊँची एड़ी वाली फुटवियर पहन रखी है और बड़ी लाल छतरी लगाए चल रही है। शायद दोपहर के भोजन के लिए कुछ लेने के लिए दुकान पर जा रही है। हाल के समय में चीज़ों की कमी दिखी है।

दुकान के सामने एक छोटा सा स्टॉल लगाया गया है। ये पहली बार है जब उसने यहाँ ऐसा कुछ देखा है।

स्टॉल के पीछे सफ़ेद बालों वाला आदमी ग्रे रंग का लबादा पहना हुआ है। उसकी मेज़ चमकदार कैटलॉग से ढकी हुई है। जैसे ही पास आती है, उसे समझ आता है कि वे सब पुराने ट्रैवल ब्रोशर होंगे। वे बिल्कुल नए दिखते हैं, लेकिन वह जानती है कि वे पुराने हैं। अब कोई भी वैसे कैटलॉग प्रिंट नहीं करता।

स्टॉल के शामियाने से नीली झंडी लटकी हुई है। इस पर लिखा है : सस्ता जलवायु कोटा।

वह वहाँ पड़े कैटलॉग में से एक उठाती है और उजले समुद्र तटों व नीले स्विमिंग पूल की ध्यान खींच लेने वाली तस्वीरों पर नज़रें टिका देती है। सफ़ेद बालों वाला आदमी ख़ुशी से मुस्कुराता है। लड़की के पास किसी और के मुकाबले सबसे बड़ी छतरी है और वह आदमी साफ़ तौर पर प्रभावित दिख रहा है।

'क्या थोड़ी सी धूप अच्छी नहीं रहेगी, मोहतरमा? कोटा यहाँ हैं।'

कैटलॉग नीचे रखती है, टेबल की ओर इशारा करती है और कहती है : 'ये कम से कम चालीस साल पुराने होंगे।'

'आप बिल्कुल सही हैं।'

'आप असली ट्रिप्स नहीं बेचते हैं इसलिए मुझे असली कोटा नहीं चाहिए।'

वह उसे आश्चर्य से देखता है, लगभग झुँझलाहट में बोलता है : 'कौन कहता है कि कोटा वास्तविक होना चाहिए? आप और मैं अच्छी तरह जानते हैं कि ये सब दिखावा है।'

वह अपने पैड से एक फ़ॉर्म फाड़ता है, अपनी जेब से लाल रंग का एक पेन निकालता है और पूछता है : 'आपका नाम क्या है?'

'नोवा।'

'उपनाम?'

'नायरूद।'

वह उसका नाम लिखता है और फिर उसे फ़ॉर्म देता है :

1- जलवायु कोटा : नोवा नायरूद कुल एक टन कार्बन उत्सर्जन ख़रीदने की हक़दार हैं जो एलिकांटे या नेपल्स तक दो लोगों के लिए एक फ्लाइट के बराबर है।

वह फ़ॉर्म को अच्छी तरह देखती है और फिर से उस आदमी की

ओर देखती है।

‘लेकिन मैं कहीं नहीं जाना चाहती।’

‘इसलिए मैंने आपको ये कोटा मुफ्त में दिया है। यदि आप वास्तव में एक टन कार्बन डाइऑक्साइड छोड़ना चाहते हैं, तो आपको इसके लिए भुगतान करना होगा। प्रदूषण की क़ीमत चुकानी होती है।’

‘बेशक...।’

‘लेकिन अब आप खेल के नियमों को समझ चुकी हैं। आप जहाँ जाना चाहती हैं वहाँ जा सकती हैं—बिना किसी अपराध बोध के—अगर आप उतना जलवायु कोटा ख़रीदती हैं जितनी दूर जाना चाहती हैं। ये गणित बेहद आसान है।’

वह उसके तर्क को नहीं समझ पाती। ‘क्या आपका मतलब है कि अगर मैं सिर्फ़ जलवायु कोटा ख़रीदती हूँ तो मैं बिना प्रदूषण के सफ़र कर सकती हूँ?’

आदमी ज़ोर-ज़ोर से हामी भरता है। ‘*आपकी फ्लाइट क्लाइमेट न्यूट्रल होगी*, और ये *क्लाइमेट निगेटिव* होने की तुलना में कहीं अच्छा है। और सिर्फ़ सौ या दो सौ में।’

तस्वीरें उसका ध्यान खींचती हैं। ताड़ के पेड़ और समुद्र तट उसे लुभाते हैं। कुछ तस्वीरों में उसे ‘सस्ता’, ‘सबसे सस्ता’ और ‘बेस्ट विंटर ऑफ़र’ दिखते हैं। वह उस आदमी की तरफ़ देखती है और कहती है : ‘तब मैं जितनी ज़रूरत हो उससे दोगुना जलवायु कोटा ख़रीदूँगी। अगर मैं सफ़र के लिए जुनूनी हो जाऊँ हो तो क्या ये जलवायु के लिए बहुत अच्छा नहीं होगा?’

वह देख सकती है कि आदमी सोच रहा है। फिर हामी भरता है और पूरे अधिकार से कहता है : ‘गणना के अनुसार, तुम्हारी यात्रा *क्लाइमेट पॉजिटिव* होगी। जितना अधिक तुम यात्रा करोगी, पर्यावरण के लिए उतना ही बेहतर होगा। कुछ वीकेंड्स यहाँ, फिर कुछ लम्बे समय के

लिए कहीं और, वाह, तुमने पर्यावरण से क्लाइमेट गैसों को कम करने में बड़ा योगदान किया है। और तुम्हें सभी टैक्स-फ्री डील्स सस्ते में मिलते हैं। ठीक है, प्यारी लड़की। मुझे लगता है कि तुमने ये राउंड जीत लिया है।'

वह अपनी एड़ी पर घूमती है, बड़ी छतरी को एक तरफ़ झुका देती है और मेज़ और कैटलॉग पर पानी का फव्वारा जैसा झरने लगता है। वह नहीं जानती कि उसने गलती से ऐसा किया या जानबूझकर। लेकिन वह झुककर सफ़ेद बालों वाले आदमी से माफ़ी माँगती है और एक बार फिर सभी कैटलॉग पर पानी का एक और फव्वारा छोड़ती है।

'माफ़ कीजिए! बात हमारी जलवायु की है!'

एक और मौक़ा

एना वापस खिड़की पर थी। उसने देखा कि दूर से एक छोटी सी लाल चींटी जैसी कोई चीज़ रेंगते हुए आ रही है। लेकिन, दिसम्बर के सिर पर चढ़े सूरज की रोशनी में उसकी आँखें चौंधिया गईं। उसने अपनी दूरबीन उठाई और सामने के दरवाज़े की तरफ़ बढ़ गई। हाँ, वो जोनस था जिसने लाल स्की सूट पहना हुआ था। उसकी तरह कोई और स्की नहीं कर सकता।

दस मिनट बाद वह उसके सामने खड़ा था और हाँफ रहा था। पोर्च पर अभी भी इतनी ठंड थी कि उसकी साँसें सफ़ेद धुएँ जैसी निकल रही थीं। एना ने उसकी नीली टोपी और कान को गर्म रखने वाले गियर को निकाला, फिर उससे लिपट गई और उसे चूमा। जोनस ने उसे अपने पास खींच लिया, लेकिन वो अभी भी हाँफ रहा था।

‘क्या तुम... यहाँ... कुछ देर से हो?’ उसने पूछा।

‘इतनी देर से कि मुझे तुम्हारी कमी खलने लगी थी। तो काफी देर से...।’

‘क्या तुम यहाँ अकेली थी?’

वह हँसी। ‘हाँ, जोनस। आज मेरे साथ कोई अदृश्य दोस्त नहीं है और मैं किसी भूत-बरम से नहीं मिली हूँ।’

जोनस अभी भी मुश्किल से साँस ले पा रहा था। ‘बंधक... के बारे में... कुछ और... सुना?’

एना ने वेब पेज ढूँढ़ा और फिर फ़ोन जोनस को पकड़ाया।

‘मैंने बेंजामिन से बात की है। वो वास्तव में चिंतित हैं। लेकिन मुझे लगता है कि मैं उनका मूड थोड़ी ठीक करने में कामयाब रही।’

‘कैसे?’

‘मैंने सुझाव दिया कि वो जॉगिंग करने जाएँ। इससे उनकी मुश्किलें ख़त्म तो नहीं होंगी, लेकिन कोई नई मुश्किल भी नहीं आएगी।’

जोनस अब आराम से साँस ले पा रहा था। वो एना के पास आया, उसके सिर के पीछे हाथ ले गया और उसे अच्छी तरह से चूमा।

‘एना,’ उसने कहा। ‘मैंने हमेशा सोचा है कि तुम एक अच्छी मनोवैज्ञानिक बनोगी।’

एना ने उसकी ओर देखा। ‘हमेशा, जोनस? सभी तीन महीने?’

‘समय का इससे कोई लेना-देना नहीं है। मुझे ऐसा लगता है कि मैं तुम्हें हमेशा से जानता हूँ।’

उसने एना के सिर से हाथ हटाया लेकिन उसकी आँखों में देखता रहा। जब जोनस खड़े-खड़े उसकी आँखों में देखता था तो एना को बहुत अच्छा लगता था। कभी-कभी वो इतनी देर तक देखता रहता कि उनमें से कोई एक खिलखिला देता था और फिर दूसरा भी ज़ोर-ज़ोर से हँस पड़ता था।

जोनस ने टेबल पर फ़ैली कतरनों और प्रिंट-आउट को देखा। एना की ज़िम्मेदारी प्रेशर ग्रुप के लिए जानकारी इकट्ठा करने की थी, और पहली बार एना ने जोनस को अपना काम दिखाया था।

'मुझे जानना है कितुमअपने साथ क्या लाए हो,' उसने कहा।

वह रहस्यमय ढंग से मुस्कुराया, और एना को समझ आ गया कि वह उसे निराश नहीं करेगा।

'मैं तुम्हें बताऊँ कि तुम्हें वह काम मैंने क्यों दिया?'

'तुमने कल रात कोई सपना देखा था?'

जोनस ने एना को गले लगाने की कोशिश की, लेकिन उसने ख़ुद को सख़्त कर लिया था। उसे अपनी बात रखनी ही थी।

'मैं एक अजीब से सपने की वजह से जग गई थी, और इसका कोई न कोई रिश्ता तुम्हें सौंपे गए काम और इन काग़ज़ातों से है। लेकिन इसका अफ़्रीका में सूखे से भी कुछ रिश्ता था। क्या तुम इनके बारे में जानकारी जुटा रहे हो?'

'नहीं, एना, लेकिन इस वजह से तुम ख़ुद को मत रोको..।'

वह खिड़की की तरफ़ पीठ करके लम्बी बेंच पर बैठ गया।

'मैंने सपना देखा कि मैं भविष्य में कई पीढ़ियों के बाद के वक़्त में हूँ,' एना ने अपनी बाँहों को लहराते हुए कहा। 'तेल ख़त्म हो गया था। लगभग सभी जीवाश्म ईंधन का इस्तेमाल किया जा चुका था। सारे जंगल जलाए जा चुके थे और पीट मार्श सड़ चुके थे। हवा और समुद्र में कार्बन डाइऑक्साइड बहुत अधिक थी। हमारी धरती के सारे संसाधन नष्ट हो चुके थे और लोग भूखे मर रहे थे।'

जोनस ने ऊपर की तरफ़ देखा। 'कोई अपने प्राकृतिक विज्ञान पर ध्यान दे रहा है...।'

वो उसे देखकर इतनी ख़ुश थी कि उसे जोनस की इस बात का बुरा नहीं लगा।

‘मेरी बात सुनो। दुनिया के उष्णकटिबंधीय हिस्से रेगिस्तान में बदल गए थे और इसका मतलब था कि आब-ओ-हवा में और भी अधिक कार्बन डाइऑक्साइड थी। हज़ारों प्रजातियाँ ख़त्म हो गई थीं और सभी बन्दर जा चुके थे। लोगों को फसलों को हाथ से परागित करना पड़ रहा था क्योंकि मधुमक्खियाँ विलुप्त हो चुकीं थीं। प्रकृति नष्ट हो चुकी थी। सभ्यता लगभग खात्मे की ओर थी और दुनिया की आबादी आज की तुलना में बहुत कम थी। फिर संसाधनों के लिए जंग छिड़ गई और ज़ल्द ही ये सब ख़त्म हो गया। लोगों के जो समूह बच गए थे, वे खामोश थे।’

‘सबसे बुरी बात ये है कि ऐसा होना मुमकिन है,’ जोनस ने कहा।

एना ने मग और बिस्कुट उठाए और चाय का बरतन लेकर उसके पास से निकली। उसने उसे फिर से अपनी ओर खींचने की कोशिश की, लेकिन उसने मुस्कुराते हुए ख़ुद को छुड़ाया और वापस रसोई में चली गई।

‘सुनो’, एना ने कहा। ‘सपने में, मेरे पास एक अच्छा टैबलेट था, एक तरह का टर्मिनल जो अब तक बनी सभी फ़िल्मों को दिखा सकता था। मैं वह सब कुछ स्लो मोशन में देख सकती थी जो पृथ्वी के साथ हुआ था। मैं घंटों बैठकर पौधों और जानवरों के बारे में पढ़ा करती थी जो सालों पहले ख़त्म हो चुके थे।’

‘ये तो पहले से हो रहा है...।’

‘मैंने बहुत ठगा हुआ महसूस किया, जोनस! ऐसा लग रहा था जैसे धरती पर कब्जा कर लिया गया हो। मैं अभी जिस घर में रहती हूँ, उस घर में मैं अपनी मम्मी और पापा, और अपनी परदादी के साथ रहती थी। मेरे पास वही बेडरूम था, सिवाय इसके कि सपने में मैंने लाल रंग का पेंट लगाया था। मेरा नाम नोवा था, और मेरी परदादी का नाम एना था, हालाँकि हम उसे सिर्फ़ नाना कहते थे।’

'एना। तुम्हारी तरह...।'

उसने महसूस किया कि जोनस को सब कुछ बताना नामुमकिन था क्योंकि बहुत सारी कहानी उन चीज़ों पर निर्भर करती थी जो उसके लिए अभी तक नहीं हुई थी–वे चीज़ें जिन्हें वह तर्क की कसौटी पर रखकर समझ नहीं पाई थी।

'और वह ठीक उसी दिन सोलह साल की हो गई, जिस दिन मैं होऊँगी। लेकिन ये साल 2082 था और मेरी परदादी की उम्र छियासी साल थी।'

जोनस ने ज़ोर से सीटी बजाई। 'अह, मुझे समझ आने लगा है...।'

'मेरी परदादी के साथ मेरा रिश्ता बहुत ही मुश्किलों वाला था क्योंकि भले ही मैं उनसे प्यार करती थी लेकिन मैं उनसे नफरत भी करती थी क्योंकि वह एक लालची पीढ़ी का हिस्सा थीं, जो जानती थी कि हम कहाँ जा रहे हैं, लेकिन हालात को बदलने के लिए उन्होंने कुछ नहीं किया। मैंने उनसे कहा कि वह मुझे हमारी धरती वैसी ही वापस दे दें, जैसी कि तब थी जब वह मेरी उम्र की थीं। और अगर वह ऐसा नहीं करतीं तो मैं उन्हें जंगल में छोड़ आती। मैं अपनी परदादी की हत्या कर देती जैसा परियों की कहानियों में दिखाते हैं कि बच्चे पुरानी चुड़ैलों और दैत्यों को मार डालते हैं।'

'फिर तुम जग गई?'

उसने इनकार में अपना सिर हिलाया। लेकिन उसे आगे क्या बताना चाहिए?

'तुम मेरे घर के पास वाले पेट्रोल स्टेशन को जानते हो? वो बन्द हो चुका था क्योंकि सड़कों पर बड़ी सफ़ेद वैन के अलावा कोई कार नहीं दिखती थी—इस बारे में मैं बाद में बताऊँगी। लेकिन वहाँ ऊँटों के साथ अरब लोगों का लम्बा-चौड़ा कारवाँ था। वे पहाड़ों को पार कर वेस्टलैंड

जा रहे थे, और वे खाने और आराम करने के लिए वहाँ रुकते थे जहाँ पुराना पेट्रोल स्टेशन था।'

'अरब लोग?'

'वे जलवायु शरणार्थी थे। उनके देशों को रेत ने ख़त्म कर दिया था। उनमें से एक लड़का बीमार था और हमने उसे कुशन रूम में तब तक सोने दिया जब तक वह पूरी तरह से ठीक नहीं हो गया। हमने एक डॉक्टर को बुलाया लेकिन उसका मन बहलाने का काम मेरा था। हमने लूडो खेलते हुए दिन बिताए... जब लड़का वहाँ से जाने लगा तो उसने मेरी परदादी को रूबी जड़ी हुई एक बड़ी सी अँगूठी दी, और उसने इसे अलादीन की असली अँगूठी बताया...।'

'वह कुशन रूम में कब तक रहा?' जोनस ने पूछा, थोड़ा चिंतित लग रहा था।

लेकिन एना ने जवाब नहीं दिया। वह अपने ख़्वाब को याद करने की कोशिश में ज़्यादा मशगूल थी।

'उस दिन से मेरी परदादी हमेशा लाल रंग की वह अँगूठी पहनी रहती थीं। और एक सुबह मेरे क़मरे में आईं और कहा कि दुनिया और उसके सभी जानवरों व पेड़-पौधों को दूसरा मौक़ा मिलेगा। मुझे याद है उन्होंने रूबी को छुआ था—ये ऐसा था जैसे इस नई शुरुआत का उस अँगूठी से कोई सम्बन्ध हो। फिर क़मरा हिलने लगा और वो वहाँ बैठी अजीब व खौफनाक आवाज़ में मंत्र पढ़ रही थीं : *तुम सब पक्षी, चाहे कितने भी कमज़ोर हो... वापस लौट आओ...* फिर मेरी नींद टूट गई, जोनस। कुछ ही घंटे पहले की बात है। मैं उठी और मुझे बाहर पक्षियों की आवाज़ सुनाई दी। मैं इस भरोसे के साथ जगी कि ये सपना नहीं था और मेरी परदादी ने जो वादा किया था उसे पूरा किया था। दुनिया को एक और मौक़ा दिया गया था और सभी जानवर और पौधे वापस वहीं आ गए थे जहाँ से उनका रिश्ता था।'

जोनस ने अविश्वास के साथ सिर हिलाया। 'क्या बात है। मुझे भी तुम्हारे सपने पर विश्वास होने लगा है।'

'लेकिन जो सपने में उनकी ज़िम्मेदारी थी वो अब *मेरी* है। हमारी भूमिकाएँ बदल गई हैं। अब मुझे ही कुछ करना है। और सत्तर साल बाद मैं अपनी परपोती से मिलूँगी। और अगर मैंने अपना काम नहीं किया, तो मुझे जंगल में भगा दिया जाएगा। अगर मैं धरती को बचाने में कोई मदद नहीं करती हूँ तो मैं अपने हाथों से ही ख़ुद का मर्सिया लिखूँगी।'

'ये थोड़ा ज़्यादा हो रहा है,' जोनस ने कहा।

'मुझे पता है लेकिन मेरी बात पूरी सुन लो—और भी बहुत कुछ है, क्योंकि जब मैं नींद से जागी तो मैंने जादुई अँगूठी पहन रखी थी। वही अँगूठी जिसका सपना मैंने देखा था।'

जोनस ने उसे बीच में टोका। 'तुमने क्या कहा?'

एना ने अपनी आस्तीन ऊपर की, हवा में अपना हाथ थामा और रूबी की ओर इशारा किया।

'देखो! यह वही अँगूठी है जो मेरी परदादी ने सपने में पहनी थी। वही अँगूठी है जिसने हमें फिर से शुरुआत करने दिया।'

जोनस ऐसे देख रहा था जैसे नहीं समझ पा रहा हो कि किस बात पर विश्वास किया जाए।

'और तुम इसे पहनकर ही उठी? या जब तुम कल रात बिस्तर पर गई थी तब तुमने इसे पहना था?'

एना ने थोड़े घमंड के साथ सिर हिलाया। उसने उसे बताया कि उसे एक दिन पहले अँगूठी मिली थी। यह उसके सोलहवें जन्मदिन का तोहफा था, लेकिन चूंकि उसकी माँ ओस्लो में एक सम्मेलन में जा रही थीं इसलिए उसे उसके नए फ़ोन के साथ, दो दिन पहले ही दे दिया था।

'सपने की वजह से मैंने अँगूठी को ज़िन्दगी भर पहनने का फैसला किया है। इस तरह मैं कभी नहीं भूलूँगी कि मुझे क्या करना है। और जब

मैं परदादी बन जाऊँगी, तब भी मैं इसे पहनूंगी। और अगर मेरी परपोती हुई तो मैं उसके माता-पिता को उसे नोवा नाम से पुकारने के लिए कहूँगी। और फिर जब वो सोलह साल की हो जाएगी तो मैं उसके क़मरे में जाऊँगी और ये पक्का करूँगी कि वह इस अँगूठी को देखे। तभी यह चक्र पूरा होगा।'

'लेकिन अगर तुम्हारा सपना सच होता है तो प्रकृति का बहुत सारा हिस्सा ख़त्म हो चुका होगा। धरती भी ख़त्म हो जाएगी।'

उसने इनकार में अपना सिर हिलाया।

'नहीं, दुनिया को एक और मौक़ा दिया गया है। यही तो असली बात है। मुझे दुनिया वैसी ही वापस मिली, जैसी मेरी परदादी की सोलह साल की उम्र में थी। लेकिन मुझे केवल यही एक मौक़ा मिला था।'

उसने टेबल पर रखे काग़ज़ातों को देखा, फिर जोनस की ओर देखा और कहा : 'इसलिए हमें काम पर लग जाना है!'

सफ़ेद वैन

पतली खिड़की से उसे एक सफ़ेद वैन दिखाई देती है। इसे देखे हुए उसे काफी समय हो गया था और आख़िरी बार बगीचे में देखा था। धड़धड़ाते हुए सीढ़ियों से नीचे उतरी, जूती और सर्दियों वाली कोट डाली, और बाहर निकल गई।

बगीचे में उसे अपनी माँ दिखती हैं, जो हाथों में होली के लाल बेरी वाले गुच्छे लेकर कहीं जा रही होती हैं। लाल बेरी शाखाओं में लटकी हैं। नोवा ये नहीं कहती कि वो कहाँ जा रही है। वह जानती है कि उसकी माँ को सफ़ेद वैन पसन्द नहीं है।

जब वह पास जाती है, तो देखती है कि कई लोग पुल पार कर रहे हैं। वह अकेली नहीं है जो ये देखना चाहती है कि वहाँ क्या हो रहा है। ज़ल्दी ही उसे वैन के एक तरफ़ बड़े नीले अक्षरों में लिखा दिखता है : दुनिया के आख़िरी लीमर।

वह जानती है कि लीमर मेडागास्कर में पाए जाने वाले जानवर हैं, और ये भी जानती है कि हाल के सालों में बर्लिन ही एकमात्र ऐसा शहर है जहाँ उन्हें रखा गया है। चिड़ियाघरों को जानवरों को दौरे पर ले जाने की अनुमति दी गई है, जब इस बात की कोई उम्मीद नहीं बची कि ख़त्म होती ये प्रजाति अपने बच्चे पैदा कर सकती है। कई सालों से लीमर को जंगल में नहीं देखा गया है।

लाल, फूले हुए गाल और बकरे सी दाढ़ी रखे हुए एक आदमी से टिकट ख़रीदती है। वह पॉपकॉर्न और हवा मिठाई भी बेच रहा है, लेकिन उसे दोनों ही चीज़ें पसन्द नहीं हैं।

टिकट बिल्कुल ताश के पत्ते के आकार का है। एक तरफ़ एक लीमर की तस्वीर है जिसका कैप्शन हैलीमर कैट्टा। दूसरी तरफ़ एनिमलिया, कोरडेटा, मैमलिया, प्राइमेट्स, लीमरिडे लिखा है। मेडागास्कर में इन प्रजातियों का अन्त क्यों हुआ, इसके बारे में भी कुछ लिखा है : उनके रहने की जगह को आग ने ख़त्म कर दिया था, लकड़ी के कोयले बनाने के लिए पेड़ों को काट डाला गया था और उन्हें शिकारियों ने अपना निशाना बना लिया था। ग्लोबल वार्मिंग उनके ताबूत की अन्तिम कील की तरह थी।

वह वैन में जाने वाली पहली विजिटर है। अन्दर काफी गहराई वाला एक पिंजरा है और तीन लीमर इसके अन्दर नकली पेड़- पौधों के बीच कूद रहे हैं। फ़र्श पर लकड़ी का बुरादा बिखरा है। टिकट में बताया गया है कि ये सभी मादा हैं। उसने पहले भी अक्सर इस तरह के कार्ड देखे हैं। उसके पास उनका पूरा पैक है। कार्ड उसे उन जानवरों की याद दिलाते हैं जिन्हें ग़ायब होने से पहले देखने में वो कामयाब रही थी।

लीमर अपने काले थूथन से लेकर अपनी पूंछ तक एक मीटर लम्बे होते हैं। इनकी काली और सफ़ेद छल्लों वाली पूंछ इनके शरीर से लम्बी होती है। जानवर जाल के पीछे डरे-सहमे से घूमते हैं और अपनी पीली-

भूरी आँखों से उसे घूरते हैं। वह सोचती है कि वे कितना समझ पाते होंगे। उसे यक़ीन है कि वे जितना जताते हैं उससे कहीं ज़्यादा समझते हैं। और जानती है कि एक या दो साल में आईयूसीएन ऐप कभी बड़ी तादाद में पाई जाने वाली इस प्रजाति को अन्तिम विदाई दे देगा। जैसे ही नोवा वहाँ से बाहर निकलती है, देखती है कि एक आदमी दो बच्चों का हाथ पकड़े हुए है। वे पॉपकॉर्न के बड़े बकेट्स पकड़े हैं और उत्साह से उछल-कूद मचा रहे हैं। जानवरों को देखने के बाद उन्हें हवा मिठाई भी मिल सकती है। ऐसा नहीं है कि हर दिन उनके लिए सफ़ेद वैन आएगी।

मेढक

एना फिर से ऑनलाइन जाती है और ज़ोर से पढ़ती है : 'ब्रेकिंग न्यूज : स्टेटॉयल ने इस बात से इनकार किया कि कंपनी की हॉर्न ऑफ़ अफ़्रीका के विवादित इलाकों में ख़ुदाई के किसी काम को अंजाम देने की कोई योजना है। प्रतिस्पर्धा के कारण, वे केन्या में अपनी गतिविधियों पर किसी तरह की टिप्पणी नहीं कर सकते...।'

'लेकिन वे तेल के लिए ख़ुदाई करेंगे....' जोनस ने कहा।

उसने याचना भरी नज़रों से उसकी ओर देखा। 'अभी शायद ये मुद्दा नहीं है।'

'तो मुद्दा क्या है?'

'क्या ये एलान एस्टर एँटोनसन की मदद कर सकता है? या फिर बेन की मदद?'

'बेन?'

'बेंजामिन। मैं उसे मैसेज करूँगी।'

कोई ख़बर?

एक-दो मिनट बाद जवाब आया।

कुछ नहीं। मैं तुम्हें बताता रहूँगा।

एना ने ठंडी आह भरी। 'ये उनके लिए पक्के तौर पर डरावना होगा।'

जोनस मेज़ पर रखे काग़ज़ातों को खंगाल रहा था। उसने एक प्रिंट-आउट उठाया और ज़ोर से पढ़ने लगा :

इन्सानी स्वभाव की ख़ासियत है कि वो बाहरी दुनिया को केवल एक सीधी दिशा में देखता है। हम अपने आसपास के परिवेश को संभावित ख़तरों और हमलों के लिए बारीकी से जाँचते हैं। इससे हमें अपनी और अपनों की रक्षा करने की कुदरती क्षमता हासिल होती है। लेकिन हमारे पास अपने वंशजों को बचाने के लिए उतनी काबिलियत नहीं है, दूसरी प्रजातियों की तो बात ही छोड़ दीजिए।

ये हमारे स्वभाव में गहरा पैठा है कि हम अपने जीन्स का पक्ष लें। लेकिन चार या आठ पीढ़ियों बाद के अपने जीन्स की रक्षा करने का वैसा बराबरी का नज़रिया हमारे पास नहीं है। इसे हमें *सीखना* है। जिस तरह से हमने मानवाधिकारों का सम्मान करना सीखा है, वैसे ही इसके बारे में सीखना होगा।

रिफ्ट वैली में अपनी उत्पत्ति से हमने परिवार की अपनी शाखा का विस्तार करने के लिए लम्बा संघर्ष किया है। ये लड़ाई अब तक जीती गई है, इसलिए हम अभी भी यहाँ हैं। लेकिन मनुष्य एक प्रजाति के रूप में इतना सफल रहा है कि हम अपने अस्तित्व को ही ख़तरे में डाल रहे हैं। हमने इतना कुछ हासिल कर लिया है कि हम सभी प्रजातियों के अस्तित्व के लिए ख़तरा पैदा कर रहे हैं।

हम धूर्त और निकम्मे स्तनपायी हैं और ये आसानी से भूल जाते हैं

कि, आख़िरकार, हम भी इसी कुदरत का हिस्सा हैं। लेकिन क्या हम इतने निकम्मे हैं कि हम ग्रह के भविष्य के लिए अपनी ज़िम्मेदारी से ज़्यादा महत्व अपनी मौजूदा ज़िन्दगी को देते हैं?

'ये एक अच्छा सवाल है,' जोनस ने कहा।

'क्या?'

एना एक बड़े सवाल के बारे में सोच रही थी, जो उसने जोनस से मिलने आने से पहले फ़ोन पर पूछा था : हम जानवरों और पौधों की 1001 प्रजातियों को कैसे बचा पाएँगे? लेकिन जोनस ने उस प्रिंट-आउट की ओर इशारा किया जिसे उसने अभी पढ़ा था और कहा :

'क्या हम इतने निकम्मे हैं...? मैंने इसी को अच्छा सवाल कहा था।'

'इसीलिए मैंने इसका प्रिंट आउट निकाला है।'

एना ख़ुश थी कि जोनस को उसके चुने गए लेख पसन्द आए। वह ये सुनने के लिए उतावली हो रही थी कि जोनस के पास क्या नई जानकारी है।

'तो हम क्या करें? हम 1001 पौधों और जानवरों को विलुप्त होने से कैसे रोक सकते हैं?'

जोनस ने एक और कतरन उठाई:

ग्रह की जैव विविधता को बरकरार रखने के लिए हमें अपनी सोच में आमूलचूल बदलाव लाने की ज़रूरत होगी। ज़िन्दगी को ऐसे जीना जैसे कि सब कुछ हमारे सीमित समय के चारों ओर घूमता है, उतना ही बचकाना है जितना कि ये सोचना कि अन्तरिक्ष में सब कुछ पृथ्वी के चारों ओर घूमता है। लेकिन हमारा समय आने वाले किसी भी समय से अधिक महत्वपूर्ण नहीं है। बेशक, हमारा समय हमारे लिए सबसे महत्वपूर्ण है। लेकिन हम ऐसे नहीं जी सकते, जैसे कि केवल हमारा युग ही मायने रखता है।

जोनस ने हामी भरने के अन्दाज़ में अपना सिर हिलाया, पहले ख़ुद के लिए लेकिन फिर उसने ऊपर देखा और एना को देखकर सिर हिलाया।

'हम उन लोगों पर हँसते हैं जिन्होंने सोचा था कि पृथ्वी ब्रह्मांड का केन्द्र है। लेकिन क्या ये कोई कम मूर्खता है कि हम ऐसे जीते हैं जैसे कि हमारे पास और भी ग्रह हैं?'

एना की बेसब्री बढ़ती जा रही थी। वह ये सुनने के लिए इन्तज़ार नहीं कर सकती थी कि जोनस ने उसके मुश्किल व चकरा देने वाले सवाल का क्या हल निकाला है। लेकिन जोनस ने काग़ज़ का एक और टुकड़ा उठाया और उसे ज़ोर से पढ़ने लगा :

> एक पुरानी नीतिकथा के मुताबिक, उबलते पानी में गिरा हुआ मेढक तुरन्त बाहर कूद जाएगा। लेकिन अगर मेढक को ठंडे पानी के बर्तन में डाल दिया जाए, जो धीरे-धीरे गर्म होते हुए उबले, तो मेढक को ख़तरे का अहसास नहीं होगा। वो मर जाएगा।

जोनस ने फिर सिर हिलाया। 'क्या हमारी पीढ़ी मेढक है?'

हरी मशीनें

वह कुशन रूम में सोए लड़के के साथ राजधानी में है। वे फिर मिले हैं। नाना की मौत हो गई है और अब नोवा ने अँगूठी पहन रखी है। वह इतनी बड़ी हो गई है कि उसने काली ड्रेस पहनी है और कंधे पर लाल रंग की शॉल लपेटी है। उसने अच्छे ढंग से कपड़े पहने हैं क्योंकि राजधानी जा रही है और उसने काले कपड़े इसलिए पहने हैं क्योंकि नाना की मौत हो चुकी है।

लड़का भी बड़ा हो गया है। उसने एक सफ़ेद लबादा पहना हुआ है जो चलते समय फ़र्श पर घिसटता है।

वे शहर की मुख्य सड़कों से गुज़रते हैं, हरी मशीनों को देखने के लिए रुकते हैं। लेकिन सड़कें आज भी सुनसान हैं। सारा शहर अभी उनका है।

हर गली-नुक्कड़ पर, सभी भूमिगत स्टेशनों पर और महत्वपूर्ण इमारतों के सामने ग्रीन मशीनें लगाई गई हैं।

टाउन हॉल टॉवर में घंटियों से एक जानी-पहचानी धुन सुनाई देती है। इसी संकेत का वे इन्तज़ार कर रहे हैं। वे दोनों हरी मशीनों के पास जाते हैं, नोवा के पास लाल कार्ड है और उस लड़के के पास नीला कार्ड।

कार्ड स्वाइप करने से पहले उनकी आँखें आपस में मिलती हैं और वे दोनों ही मुस्कुरा देते हैं। ऐसा लगता है जैसे वे कोई रहस्य साझा कर रहे हों। वह पहले उन पौधों और जानवरों को चुनती है जिनके लिए वो भुगतान करेगी। हर बार जब वह कोई कोड टाइप करती है, तो स्क्रीन पर एक वीडियो दिखाई देता है। क्लिप केवल तभी चलती हैं जब उसने उस प्रजाति को बचाने में मदद करने के लिए भुगतान किया हो।

शहर लोगों से भरने लगता है। वे भूमिगत स्टेशनों से निकलते हैं, बसों से उतरते हैं और सड़कों पर टहलने लगते हैं। कई लोग हैं जो नई मशीनों को आजमाना चाहते हैं। ज़ल्द ही शहर लोगों से भर जाता है, और नई मशीनों के सामने लम्बी कतारें लग जाती हैं। लोग बेतहाशा बहस कर रहे हैं और अजीबोग़रीब भाव-भंगिमाएँ बना रहे हैं।

नोवा भीड़ में अपने साथी को लगभग खो देती है। लेकिन ख़ुशक़िस्मती से वो सभी से लम्बा है। वे फिर से मिलते हैं और ख़ुशी दर्शाते हुए एक-दूसरे के हाथों पर ताली मारते हैं। फिर वह उसे देखकर हँसती है।

'ये ऐसा है जैसे दुनिया नए सिरे से शुरू हो रही है।'

ग़ेमिफ़िकेशन

'दुनिया को एक और मौक़ा दिया गया है,' एना ने कहा, 'और अब तुम्हें मुझे बताना ही होगा कि हमें उस मोक़े का इस्तेमाल कैसे करना चाहिए।'

जोनस ने मेज़ पर रखे काग़ज़ों से नज़रें हटाईं और ऊपर देखते हुए मुस्कुराया। ये मुस्कान एना को बहुत पसन्द थी। उसने अपने लाल स्की सूट की एक जेब की चेन खोली, कुछ मुड़े हुए काग़ज़ निकाले और एना को दे दिया।

एना ने मुड़े हुए काग़ज़ों में से एक को खोला और उसका शीर्षक पढ़ा : *हम पौधों और जानवरों की 1001 प्रजातियों को कैसे बचाने जा रहे हैं?* छोटे अक्षरों में लिखा था : एना के सवाल का जवाब।

उसने टाइप किए हुए पन्नों को गिना, सात पन्ने थे। 'मुझे लगा कि तुम्हें थोड़ी देर हो गई है। तुमने ये सब कैसे लिख लिया?'

‘ये मेरा राज़ है। बस इसे पढ़ो।’

एना ज़ोर से पढ़ने लगी। जब वह पढ़ रही थी, जोनस ने क़मरे को गर्म रखने के लिए बनाए गए वुडबर्नर में लकड़ी के टुकड़े फेंके और फिर दूरबीन की मदद से खिड़की के बाहर देखने लगा।

सभी पौधे और जानवर अपने प्राकृति आवास पर निर्भर हैं और जब प्रकृति के एक हिस्से पर हमला होता है तो ये उस पारितंत्र में पनपने वाली सभी प्रजातियों के लिए ख़तरा होता है। इन प्राकृतिक आवासों का क्या होना है, ये अर्थव्यवस्था तय करती है। अमीर ख़ुद को और अमीर बनाने के लिए किसी चीज़ को नहीं छोड़ते हैं, उदाहरण के लिए संवेदनशील क्षेत्रों में तेल, कोयले और खनिजों का दोहन करते हैं। लेकिन ग़रीब भी जिस तरह से पारितंत्र का दोहन करते हैं, उसे जारी नहीं रखा जा सकता।

समस्याएँ इतनी बड़ी हैं कि लोग ख़ुद को कमज़ोर महसूस करते हैं. *मैं अमेज़न के जंगलों को बचाने के लिए क्या कर सकता हूँ? अफ्रीकी सवाना या अटलांटिक मछलियों की प्रजातियों के लिए मेरी क्या ज़िम्मेदारी है?* लोग ऐसा नहीं सोचते। हमारा दिमाग़ इस तरह से काम नहीं करता है।

हम अहंकारी, स्वार्थी प्राणी हैं। अपने ग्रह को बचाने के किसी भी प्रयास में हमें इसी चीज़ को शुरुआती बिन्दु मानना चाहिए। मैं एक उदाहरण से समझाता हूँ।

अगर कोई बाघ के भविष्य को लेकर चिंतित है तो वह टाइगर फ़ाउंडेशन के लिए पैसे इकट्ठा करने के लिए सड़कों पर निकल सकता है। वे लॉटरी, नीलामी या किसी दूसरे गेम का आयोजन कर सकते हैं।

लगभग हर कोई आपको बिना सोचे-समझे बाघ के लिए एक क्रोन (नॉर्वे की मुद्रा) दे देगा। कुछ लोग दस क्रोन दे देंगे, जो वे चॉकलेट या ब्राउनी के लिए एक बार में ख़र्च कर देते हैं। कुछ लोग सौ क्रोन देंगे और कुछ हज़ार क्रोन या दस हज़ार दे सकते हैं, ख़ासकर तब जब उनका नाम अख़बार में दिखाई देने वाला होगा। शायद कोई ऐसा कारोबारी भी

हो जो लोगों का ध्यान अपनी ओर आकर्षित करने के लिए पाँच लाख डॉलर दान कर दे। लोग कला के लिए इतने पैसे दे देते हैं। देर-सबेर एक बूढ़ी विधवा अपनी सारी संपत्ति टाइगर फ़ाउंडेशन के लिए छोड़ जाएगी, शायद इसलिए कि उसके दादा भारत में ब्रिटिश सेना में लेफ्टिनेंट थे, और उन्होंने आठ बाघों को गोली से मार गिराया था, और एक बाघ की खाल बर्मिंघम में परिवार की पुरानी लाइब्रेरी में फायरप्लेस के सामने लगी हुई है।

ऐसा इन्तजाम होना चाहिए कि दुनिया भर के लोग एक विशेष खाते में पैसे जमा कर सकें, हम इसे टाइगर अकाउंट मान लेते हैं, और अगर कुछ लाख लोग नियमित रूप से थोड़ा-बहुत भी दान करते हैं तो कुछ ही समय में बाघों के रहने की जगह को बचाने के लिए अरबों यूरो या येन होंगे। न केवल बाघ बल्कि उसके शिकार को भी अवैध रूप से फंसाने और मारने से रोकने के लिए भारी भरकम रकम का निवेश करना होगा। इसके लिए जंगल के रेंजरों की पूरी फ़ौज़ की ज़रूरत होगी। एक बाघ की खाल काला बाज़ार में पाँच लाख क्रोन में बिकती है और जैसे-जैसे प्रजाति ख़त्म होती जाती है, क़ीमत बढ़ती रहती है। अवैध शिकार के लिए जितनी कड़ी सज़ा दी जाती है, क़ीमत भी उतनी ही बढ़ती जाती है। लेकिन फिर भी और सख़्त सज़ा देनी होगी।

फ़ॉरेस्ट रेंजर कार्यक्रम केवल पहला क़दम है, उसके बाद बाघों की आबादी बढ़ाने और उनको संरक्षित करने के लिए जंगलों को सुरक्षित बनाने की ज़रूरत होगी, जहाँ उन जानवरों को संरक्षण मिले जिन्हें बाघ खाते हैं, जैसे–जंगली सूअर, हिरण वग़ैरह–और साथ ही उन पेड़-पौधों को भी बचाना होगा जो बाघ के शिकार खाते हैं। बाघ को बचाने के लिए आपको पेड़-पौधों और दूसरे जानवरों को भी सहेजना होगा। बाघ किसी बड़ी चीज़ का प्रतीक है, और अगर बाघ लुप्त हो जाते हैं तो ये सच में

बहुत बुरा संकेत है।

'मैं समझ गई,' एना ने कहा। 'लेकिन बाघ ही क्यों? ध्रुवीय भालू क्यों नहीं?'

'हाँ। मैं बस उस पर ही आ रहा हूँ :

मैं केवल बाघ के बारे में क्यों बात कर रहा हूँ? उल्लू या सफ़ेद लोमड़ी का क्या? मेढकों, न्यूट और दूसरी सभी प्रजातियाँ, जो ख़तरे में हैं, उनका क्या? निश्चित ही उन सबके अपने एकाउंट होने चाहिए। निश्चय ही सिर्फ़ एक बाघ कार्यक्रम से काम नहीं चलेगा : ऐसे एक हज़ार और भी होने चाहिए। तो ख़तरे वाले पौधों और जानवरों के लिए 1001 फ़ाउंडेशन होंगे। इतने फ़ाउंडेशन में लोगों को चुनने के लिए काफी विकल्प मिलेंगे। बाघ के बजाय आप लायन फ़ाउंडेशन या न्यूट फ़ाउंडेशन को दान कर सकते हैं, जो भी आपको अच्छा लगे। असली मुद्दा है—चुनने की आज़ादी और इसके साथ होने वाली बातचीत।

रिपोर्टों से पता चलता है कि ग्लोबल वार्मिंग के कारण दस लाख प्रजातियाँ ख़तरे में पड़ सकती हैं। लेकिन मुझे नहीं लगता कि लाखों अलग-अलग फ़ाउंडेशन आगे बढ़ने का रास्ता हैं। ग्रीनफ़्लाई के लिए एक फ़ाउंडेशन उन लोगों की दिलचस्पी और दरियादिली को अपनी ओर खींचने के लिए पर्याप्त होनी चाहिए जो ग्रीनफ़्लाई से जुड़ाव महसूस करते हैं। लेकिन अगर आप ग्रीनफ़्लाई को बचाना चाहते हैं तो आपको पत्तियों को भी बचाना होगा और ऐसा करने से आप खरगोश और हिरण के साथ ही वन बिलाव को भी बचा पाएँगे। प्रकृति में सब कुछ आपस में जुड़ा हुआ है। जैव विविधता प्रकृति की कलाकारी के साथ अलग-अलग प्रजातियों के अस्तित्व को भी बताती है। जो प्रजातियाँ अपने प्राकृतिक आवास खो चुकी हैं और केवल चिड़ियाघरों में जीवित हैं, वे विलुप्त होने से सिर्फ़ एक क़दम दूर हैं।

‘मुझे समझ में नहीं आ रहा कि हमारे फ़ोन पर बात करने के बाद तुमने ये सब कैसे लिखा।’

उसने जोनस को देखा, लेकिन वह अभी भी उसकी ओर पीठ किए खड़ा था और दूरबीन से पठारी इलाके पर नज़र जमाए था।

‘लेकिन तुम्हें क्या लग रहा है?’

‘मुझे ये पसन्द आया। मैं बाक़ी भी पढ़ना चाहती हूँ।’

‘फिर आगे पढ़ो।’

मेरा सवाल है : हम जैव विविधता के लिए व्यापक प्रतिबद्धता को कैसे कायम रखें? मैंने पहले ही एक अहम चीज़ के रूप में चुनने की आज़ादी का उल्लेख किया है। मैं एक और उदाहरण देता हूँ :

कल्पना कीजिए कि करदाता चुन सकते हो कि वे करों का भुगतान किस चीज़ के लिए कर रहे हैं? अपनी आय का तीस प्रतिशत या चालीस प्रतिशत का भुगतान करने के बजाय, वे सीधे इस पर असर डाल सकेंगे कि उनका पैसा कैसे ख़र्च किया जाए। ये कैसे काम करेगा? क्या इससे अराजकता पैदा होगी? कुछ लोग अपना सारा पैसा रक्षा के लिए देंगे, कुछ शिक्षा, अनुसंधान, पर्यावरण संरक्षण, विदेशी सहायता या सार्वज़निक परिवहन के लिए और दूसरे लोग संग्रहालयों, नर्सरी, अस्पतालों, ओपेरा या बुजुर्गों की देखभाल को चुनेंगे। लेकिन अन्तिम नतीजा ठीक वैसा ही हो सकता है जैसा अभी है। बस फर्क सिर्फ़ इतना आएगा कि टैक्स देने वाला ख़ुश रहेगा। इस सिस्टम से हर व्यक्ति को जुड़ाव महसूस होगा।

हम इस आइडिया को पर्यावरण पर लागू कर सकते हैं। अगर सरकार ने एक पर्यावरण कर लगाया तो बहुत से लोग एक और नए कर का विरोध करेंगे। वे कहेंगे कि ‘पर्यावरण’ से उनका क्या तात्पर्य है और सर्वोत्तम पर्यावरण नीति क्या है। अगर पृथ्वी पर पौधों और जानवरों की पूरी आबादी को संरक्षित करने के लिए एक ख़ास टैक्स

लगाया गया तो ज़्यादा लोगों को राजी किया जा सकता है। हालाँकि कुछ लोग इस बारे में तर्क भी देंगे कि हमारी प्राथमिकताएँ क्या होनी चाहिए। भेड़िये के मरने से भेड़ या बारहसिंगा पालने वाले किसान को कोई फर्क नहीं पड़ेगा। शहर के लोग शायद बर्फ़ीले उल्लू को बचाने के लिए टैक्स देने पर आपत्ति जताएँगे—पता नहीं उन्होंने आख़िरी बार किसी उल्लू को कब देखा हो? हर करदाता उन प्रजातियों को चुन सकेगा कि उसका पैसा किसके लिए ख़र्च होगा—इसमें निजी पसन्द शामिल होगी। फिर उनके पास ऐसी चीज़ पर चर्चा करने के कुछ तो होगा जिसे वे महत्त्वपूर्ण मानते हैं।

एना ने कहा :

'तो तुम 1001 अलग-अलग फ़ाउंडेशन चाहते हो? एक दिन आप बेयर फ़ाउंडेशन के लिए एक या दो क्रोन देते हैं, फिर आप दिखाते हैं कि आपके मन में गोल्डन ईगल या बाज के लिए जगह है। और साल में कम से कम एक बार, जैसे क्रिसमस पर, आप न्यूट या मेढक के लिए एक या दो क्रोन अलग से जमा कर देते हैं?'

'लेकिन पहले कौन आना चाहिए : बाज या मेढक?'

'मेढक,' एना ने कहा। 'बाज को जीने के लिए कुछ तो चाहिए होगा।'

'और मेढक से पहले?'

'कीड़े-मकोड़े। मैंने एक बार एक मेढक को देखा था कि उसने पूरा केंचुआ निगल लिया था।'

'और उससे पहले?'

'पौधे... फंगस... और एक कोशिका वाले जीव।'

'ठीक है।'

'लेकिन जोनस, मैं उलझन में हूँ। जब तुमने मुझे कॉल किया था, तब से अभी तक तो शायद ये सब तुम नहीं लिख सकते। मुझे तुम पर

विश्वास नहीं है!'

'पढ़ते रहो। प्लीज।'

लेकिन मुझे कुछ लोगों की तरफ़ से एक एतराज सुनाई दे रहा है। क्या लोग वास्तव में प्रकृति के बारे में चिंतित हैं? क्या हमने धरती को एक बड़े थीम पार्क में नहीं बदल दिया है? बहुत सी चीज़ें हमारा ध्यान खींचने के लिए एक-दूसरे से भिड़ गई हैं। हम एक ग्रह पर रहते हैं लेकिन हर कोई हमारे ग्रह वाले नज़रिए से नहीं सोच सकता है। इस दुनिया में बहुत अधिक आज़ादी है—अमीरों के पास ख़र्च करने के लिए बहुत ज़्यादा पैसे हैं, तेल के काफी बैरल और कई निजी विमान हैं और हमारे ग्रह और संसाधनों के सही बंटवारे के लिए वे काफी कम ज़िम्मेदारी उठाते हैं। दूसरी चीज़ों में फंसना इतना आसान है। जरा हमारे अख़बारों और पत्रिकाओं को देखें: वे जो कुछ भी लिखते हैं वो है खेल और लॉटरी, रेस्तरां और वाइन, कार और क्रूज, मोबाइल फ़ोन और कम्प्यूटर, बागवानी और इंटीरियर डिजाइन, कुकिंग और फिटनेस, दवाएँ और जीवन शैली, सेहत और दवाएँ और शराब, सेक्स और एकाकीपन... गॉसिप और घोटाले की तो बात ही छोड़ दें। हर दिन किसी फ़िल्म स्टार की शादी हो रही है या तलाक हो रहा है, उनकी ज़िन्दगी की गाड़ी पटरी से उतर रही है या वे सुधार केन्द्रों में जा रहे हैं। इन्हीं सब के बारे में लोग बात करते हैं। वे यही चाहते भी हैं। प्रकृति या दुनिया की किसी को परवाह नहीं है। ज़्यादातर लोग पक्षियों की प्रजातियों की तुलना में फुटबॉलरों और फ़िल्मी सितारों के बारे में ज़्यादा बातें कर सकते हैं।

तो मैं क्या कहना चाह रहा हूँ? मुझे लगता है कि मानवीय स्वभाव हमें 1001 प्रजातियों को बचाने में मदद करेगा। हमें मानव स्वभाव को ध्यान

में रखना होगा। हमें अपना ध्यान मैच के नतीजों, सेलिब्रिटी गॉसिप और कला-संस्कृति से हटाने की ज़रूरत है। हमें इसे अपने ग्रह की ओर मोड़ने की ज़रूरत है। गॉसिप कॉलम वापस आ सकते हैं, लेकिन वे गिलमोट, पफिन और गैंडे का भी जिक्र कर सकते हैं—न कि केवल आर्सेनल और स्पर्स का। ख़तरे में पड़ी प्रजातियों के आधार पर लॉटरी के नए खेल शुरू किए जा सकते हैं : *सोचो, पफिन के नाम पर एक टिकट है? 31 जुलाई को ड्रॉ निकलेगा। नहीं, लेकिन मेरे पास बर्फ़ीले उल्लू के स्क्रैच कार्ड हैं। और अगर आपको पक्षियों की परवाह नहीं है तो मेरे पास कुछ वनबिलाव टिकट हैं। वार्षिक ड्रॉ कल है।* मैं अब लोगों को इसके बारे में बातें करते हुए सुन सकता हूँ। और हम प्रकृति के बारे में बात कर रहे हैं : *नहीं, मैं अगले राउंड के लिए पैसे दे रहा हूँ। मैंने अभी-अभी कछुओं पर कुछ क्रोनर जीते हैं...*

एना भौंचक्की थी। लेकिन जोनस की पीठ एना के चेहरे की तरफ़ थी। 'जोनस... जोनस!'

तब वह मुड़ा।

'तुम पागल हो!' उसने कहा। 'बिल्कुल पागल। शायद तुम्हें किसी मनोचिकित्सक के पास जाना चाहिए। हम ओस्लो वापस जा सकते हैं। तुम बेंजामिन को दिखा सकते हो। ओह, मुझे उम्मीद है कि एस्टर ज़ल्द ही आज़ाद होगी।'

जोनस मुस्कुराया, और एना ने आगे पढ़ा :

> इसे हासिल करने के लिए हमें हर संकटग्रस्त पौधे या जानवर के लिए एकाउंट नंबर के साथ-साथ एक ऑनलाइन कैटलॉग की ज़रूरत है। उल्लुओं या बिल्लियों या भालू जैसी संकटग्रस्त प्रजातियों के लिए अन्तरराष्ट्रीय लॉटरियों का आयोजन किया जा सकता है। कार्निवोरा, अंसेरिफोर्मेस और आर्टियोडैक्टाइला के लिए और भी बड़ी व छमाही लॉटरी हो सकती है! वे

टेलीविजन पर होंगे! सेलेब्रिटीज अपनी पोशाक दिखाने के लिए कतार में लगे होंगे। ब्रेक में आबादी के आंकड़ों पर शायद कुछ दाँव लगाया जा सकता है।

क्या हमारे पास ये मानने का कोई कारण है कि दुनिया की एक बड़ी आबादी चकाचौंध और ग्लैमर की तरफ़ आकर्षित होगी? अगर पूरा लंच ब्रेक और शाम इस बात पर चर्चा करते हुए बिताई जा सकती है कि ग्यारह खिलाड़ी अपने विरोधियों के गोलपोस्ट में गेंद को अपने गोलपोस्ट के मुकाबले अधिक बार भेज सकते हैं या नहीं, तो ये कल्पना क्यों नहीं की जा सकती कि लोगों को ये सोचना मनोरंजक लगेगा कि दुनिया में कितने शेर या चिम्पांजी बचे हैं, ख़ासकर अगर वे पैसा जीत सकते हों, और शायद थोड़ी शोहरत भी। जरा सोचिए कि इन खेलों के प्रचार से लोग प्रकृति के बारे में कितना कुछ सीख सकते हैं। कुछ ख़ुशक़िस्मत विजेता होंगे और कुछ पाँच मिनट के लिए शोहरत हासिल करेंग। *वह आदमी ज़बरदस्त है। उसने सभी जानवरों के सेक्शन में शानदार प्रदर्शन किया। अब उसने बड़ी कमाई करते हुए होमन्सब्येन में दो मंजिला फ़्लैट ख़रीदा है।*

'नहीं, जोनस। अब मुझे लगता है कि तुमने कुछ ज़्यादा ही सोच लिया है।

'अभी बात ख़त्म नहीं हुई है।'

'तुम ये आज तो नहीं लिख सकते थे। क्या तुमने इसे कहीं से कॉपी-पेस्ट किया है?'

जोनस मुस्कुराया। उसने उसके सवाल का जवाब देने की कोशिश तक नहीं की।

आप सोच रहे होंगे कि मैं शैतान के साथ समझौता कर रहा हूँ। लेकिन मैं केवल मानव जाति के साथ समझौता करना चाहता हूँ। मुझे

लगता है कि ये योजना लोगों के बीच चर्चा का विषय बन सकती है। बड़े बच्चों की तरह अक्सर व्यवहार करते हैं। इसमें एक प्रतियोगिता वाली भावना या ऐसा कुछ मिलता-जुलता होना चाहिए क्योंकि इन्सानों को यही पसन्द है : *कितने बाघ बचे हुए हैं? और वे कहाँ रहते हैं? ज़ल्दी कीजिए, नहीं तो गेम से बाहर हो जाएँगे... और मौजूदा जानवरों को ज़िन्दा रहने के लिए क्या चाहिए? तैयार हैं? आपके पास केवल एक मौक़ा है... बाघों के घरों की वापसी के लिए हम वास्तव में क्या कर सकते हैं... अब बाघ के सवाल को वैश्विक संदर्भ में रखते हैं। टीम्स...*

क्या अलग तरह की सुर्खियों को पढ़ना अच्छा नहीं होगा? इंटीरियर डिजाइनर ने 114 रीढ़धारी प्राणियों को समर्थन दिया... वरिष्ठ शिक्षक हज़ोर्ट ने अपनी सारी जायदाद जानवरों के लिए काम करने वाले फ़ाउंडेशन के नाम की... विंस्ट्रा में किसान ने अपनी छोटी सी ज़मीन बेच दी है और उससे मिलने वाला सारा पैसा शेर के लिए दान कर दिया... आर्कटिक लोमड़ी के लिए महिला ने अपनी पेंशन दे दी... पिछले साल पक्षियों के लिए सबसे ज़्यादा किसने किया है? ***द गोल्डन बर्ड*** *के लिए रविवार को होने वाले टीवी समारोह से पहले लोगों में ज़बरदस्त उत्साह देखने को मिल रहा है...*

लोगों को बदले में कुछ मिलेगा, कुछ ऐसा जो वे अपने मेंटलपीस पर लगा सकते है। अगर आप बारहसिंगे के लिए एक हज़ार क्रोनर देते हैं तो आपको मिल सकता है एक रोज़ेट। आप इस पर गर्व कर सकते हैं : ये सामान्य बात है। लोग घर पर बैठकर एक-दूसरे को गूगल कर सकते हैं : *क्या आप जानते हैं कि रेन्डियर को बचाने में उसे ब्लैक बेल्ट मिला है?* इससे लोगों को आपसी बातचीत की अच्छी वजह मिलेगी।

'लेकिन मैं नहीं समझ पा रही हूँ। तुम घर से निकलने के पहले शायद इसे टाइप नहीं कर सकते थे। तुम केवल पन्द्रह मिनट लेट थे–दस घंटे नहीं। लेकिन तुमने जलवायु परिवर्तन का जिक्र नहीं किया।'

'आगे पढ़ो।'

लेकिन, मैं आपको ये कहते सुन रहा हूँ कि हम जलवायु परिवर्तन के बारे में क्या कर रहे हैं? क्या ग्लोबल वार्मिंग उन सभी जानवरों और पौधों के लिए एक बहुत बड़ा ख़तरा नहीं था? ये सच है, और यही वजह है कि जुटाई गई कुल रकम का 35 फ़ीसदी हिस्सा पवन चक्की, सौर ऊर्जा, संलयन ऊर्जा जैसे विकल्पों के अनुसंधान, और उत्सर्जन को कम करने के लिए ख़र्च किया जाएगा—क़रीब-क़रीब वैल्यू एडेड टैक्स की तरह। शायद ये उतना ही आसान है। उत्सर्जन कम करना अब कोई समस्या नहीं है; ये नए राष्ट्रीय खेल का हिस्सा बन गया है।

मेरा उद्देश्य ये दिखाना रहा है कि ख़ुद को दोषी मानने वालों से अपील करने का कोई मतलब नहीं है। अगर आप ग्रह की एक छोटी सी भी ज़िम्मेदारी महसूस करते हैं तो आप क्या कर सकते हैं? हमें परेड करने की ज़रूरत नहीं है। ऑर्किड और बीटल, तितलियों और बजी, फिंच और तोते, गुलाब, लाल बेरीज और सदाबहार फूलों, बिल्लियाँ और कुत्ते, सांप और इगुआना और चूहों जैसे पौधों और जीवों में हमारी दिलचस्पी का इस्तेमाल करना बेहतर है। लेकिन जब आप गुलाब या तोतों के लिए बने फ़ाउंडेशन को कुछ सिक्के देते हैं तो भी आप ग्लोबल वार्मिंग को कम कर रहे हैं।

अन्त में, मैं एना नायरूद को व्यक्तिगत रूप से धन्यवाद देना चाहता हूँ जिन्होंने मुझे अपने कम्प्यूटर पर बैठने और इस पेपर को तैयार करने के लिए प्रेरित किया जो मैंने पिछले गुरुवार को स्कूल में प्रस्तुत किया था। शीर्षक था 'हम जैव विविधता के लिए राष्ट्रव्यापी प्रतिबद्धता कैसे ला सकते हैं?'

जोनस हेमली, शनिवार, 11 दिसम्बर, 2012

एना ने अपनी नज़रें ऊपर कीं। 'तुम्हारी शिक्षिका ने क्या कहा?'

'उन्होंने कहा कि ये मज़ेदार है। उन्होंने कहा कि भाषा अच्छी है

और मैंने इसे अच्छी तरह से पढ़ा। मुझे 'बी' ग्रेड मिला और उन्होंने मुझे 'ए' नहीं देने का एकमात्र कारण ये बताया कि निष्कर्ष थोड़े ज़्यादा काल्पनिक हैं। विचार बिलकुल नए और रचनात्मक हैं, उन्होंने कहा, लेकिन पूरी तरह से ज़मीन पर नहीं उतर सकते।'

'मैं भी कुछ ऐसा ही सोच रही थी।'

वे कुछ पलों के लिए चुप बैठे रहे।

'रुको...' जोनस ने अपनी आँखें फ़ैलाकर कहा। 'पैसे ट्रांसफ़र करने और कैटलॉग वाली सारी बातें भूल जाओ। मुझे लगता है मैं देख सकता हूँ कि ये कैसे काम करेगा!'

'तुम्हारा क्या मतलब है?'

'गेम।'

'म्म?'

'मैं हरी मशीनें देख सकता हूँ... पूरी दुनिया में... हवाई अड्डों पर, सड़क के किनारों पर, भूमिगत स्टेशनों पर। आपको बस एक कार्ड स्वाइप करना है। आप जिस प्रजाति को स्पॉन्सर करना चाहते हैं उसका कोड टाइप करें—0001 से 1001 नंबर तक—और फिर उस प्रजाति का एक वीडियो स्क्रीन पर दिखाई देता है। ये ऐसा सिस्टम है जिसमें आप थोड़े पैसे देते हैं और एक वीडियो देखते हैं। आप देख सकेंगे कि आप किसे पैसे दे रहे हैं और साथ ही आप पैसे जीतने के लिए खेल खेल सकते हैं। पर्यावरण के बारे में मज़ेदार गेम बनाना कोई बहुत मुश्किल काम नहीं होना चाहिए। इसे हम *ग़ेमिफ़िकेशन* कह सकते हैं...'

एना ने गहरी साँस ली और कहा–'तुमने इस बारे में पहले भी बात की है।'

'नहीं, मैंने अभी-अभी ऐसा सोचा है।'

उसने फिर लम्बी साँस ली। 'तब मैंने ज़रूर इस बारे में सपना

देखा होगा।'

उसकी आँखें जैसे कहीं दूर देख रही थीं। वो जोनस को एकटक देख रही थी।

'एना...? एना!'

उसकी आँखें फिर से सामान्य हो गईं। 'माफ़ करना जोनस, मैं इसमें कोई मदद नहीं कर सकती।'

ख़ूबसूरत वीकेंड हाउस

उसने अपने नाख़ूनों को लाल पेंट से रंगा हुआ है और भूर्ज के जंगल में घूम रही है। जंगल में जाने से ठीक पहले अपने नाख़ूनों को रंगना बेवकूफी जैसा लगता है। वह वहाँ कभी किसी से नहीं मिलती और उसे अपने हाथों का भी इस्तेमाल करना पड़ सकता है।

वह पेड़ों के झुंड तक पहुँचती है और पहाड़ी खेतों की तरफ़ जाती है। पुराने दिनों में इस पठार पर ऐसा कुछ भी नहीं था। गर्मियों से लेकर सितम्बर तक मैदानों में बकरियाँ और गायें रहती थीं। खलिहान के पीछे सूअर रहते थे और यार्ड के चारों ओर मुर्गियाँ दौड़ लगाती थीं। भेड़ें पूरी गर्मियों में अपनी देखभाल कर सकती थीं और पहाड़ों में बेरोकटोक घूमती थीं। अब जहाँ तक नज़र जाती है वहाँ जंगल ही जंगल है।

पारंपरिक पहाड़ी डेयरी फार्मिंग न केवल चलन से बाहर है बल्कि

अब तो यह नामुमकिन है। लेकिन रेगिस्तान में थोड़ी-बहुत हरियाली की तरह कुछ फार्महाउस अभी भी ऊँची-ऊँची पथरीली दीवारों के पीछे खड़े हैं। कुछ इमारतों का लगातार रखरखाव किया जाता है और उन्हें वीकेंड बिताने के लिए घरों के तौर पर इस्तेमाल किया जाता है, और कुछ परिवार पुराने याड्र्स से झाड़ियों और पेड़ों की सफाई करते रहते हैं।

वो लम्बे क़दमों से चांदी की तरह चमक रहे तनों से गुज़रती है और कलकल बहती छोटी नदी के ऊपर से कूद जाती है। इस जंगल में बहुत सारे राज़ हैं, और वह अकेली ऐसी इन्सान हो सकती है जो उन्हें जानती है। उसे झाड़ियों में सरसराहट सुनाई देती है और फिर एक हिरण दिखता है। ये हिरण का बच्चा ही होगा। एक सेकंड के लिए जानवर ठिठक कर खड़ा हो जाता है, उसे देखता है। अगले ही पल ओझल हो जाता है।

वह पुराने केबिन तक जाने के आख़िरी हिस्से में पहुँच गई है। उसने अन्दर जाने की योजना बनाई थी, लेकिन जब पास जाती है तो देखती है कि वहाँ पहले से ही कोई है। ये नाना है। इसमें कोई शक नहीं कि वह कम उम्र की नाना है। उसने एना की बहुत सारी तस्वीरें और वीडियो देखे हैं, जब वो नोवा की उम्र की थी। केबिन में एक लड़का भी है। वो भी किशोरावस्था में है।

वह वहाँ से तेज़ व दबे क़दमों से आगे बढ़ जाती है। उन्हें परेशान नहीं करना चाहती।

अलादीन की अँगूठी

जोनस टेबल के दूसरी तरफ़ आया, एना का हाथ थामा और अँगूठी को सहलाते हुए कहा :

'मुझे अँगूठी के बारे में बताओ।'

'मेरे सपने वाली? या अलादीन की कहानी वाली?'

'नहीं, असल ज़िन्दगी वाली।'

एना ने जोनस को बताया कि ये अँगूठी उसके परिवार में सौ सालों से भी ज़्यादा समय से थी। एना की परदादी, जिनका नाम सिग्रिड था, उन्हें उनकी बड़ी बहन सुनीवा आंटी ने ये अँगूठी दी थी। सुनीवा आंटी अमेरिका चली गई थीं और वहाँ उन्होंने कालीन बेचने वाले एक फारसी से सगाई कर ली थी। ये एक दुखद कहानी है, बहुत दुखद क्योंकि उनकी सगाई और सुनीवा को ख़ूबसूरत अँगूठी मिलने के कुछ ही हफ्ते बाद,

उनके मंगेतर इस्माइल इब्राहिमी, एक पैडल स्टीमर से मिसीसिपी में गिर गए और फिर कभी नहीं देखे गए। लेकिन शायद वह गिरे नहीं थे बल्कि हो सकता है कि उन्हें पानी में धकेला गया हो क्योंकि काफी बड़ी तादाद में फारसी कालीनों के साथ सफ़र कर रहे थे, और इससे पहले कि किसी को पता चलता कि कालीन बेचने वाला ग़ायब है, सारे कालीन, एक-एक कालीन, ग़ायब हो चुके थे। सुनीवा आंटी के पास अमेरिका में अब कुछ नहीं बचा था और बमुश्किल एक साल बाद वह अपने 'पुराने देश' लौट आईं। वह अपने साथ ये अद्भुत अँगूठी लाई थीं। साथ ही बहुत सारा दर्द और तकलीफ़ वो अपने साथ लेकर आई थीं, क्योंकि सुनीवा आंटी उस मनमोहक़ फारसी के प्यार में पागल हो गई थीं। इतनी पागल कि उनकी ज़ल्द होने वाली शादी को लेकर कुछ लोगों ने संदेह जाहिर किया और उनके रिश्ते को दबी आवाज़ में 'बेकार' तक कहा। लेकिन अँगूठी निश्चित रूप से असली थी। ये इतना रहस्यमय और अनोखा था कि अफवाह के अनुसार, इसका ताल्लुक *अलिफ़ लैला* वाले अलादीन से था। जो भी हो, सुनीवा आंटी ने यही बताया था। वह इसे तब तक सच मानती रहीं जब तक कि वह अविवाहित और निःसंतान रहते हुए ही तपेदिक से मर नहीं गईं। एक बच्चे को दुनिया में नहीं लाने की उनकी तकलीफ़ ने उन्हें उनके मरने तक परेशान किया, और इसलिए परिवार को लेकर किसी और की तुलना में अधिक जुनूनी थीं। वह बस इतना चाहती थीं कि आने वाली पीढ़ियों के लिए कुछ ऐसा छोड़ जाएँ जो हमेशा बना रहे। इसलिए उन्होंने अपना समय बुनाई और कशीदाकारी में गुजारा। उन्होंने परियों की कहानियों पर आधारित कुशन बनाए जो एना की माँ को विरासत में मिले थे। और हाँ, वो लाल अँगूठी भी। ये कभी ख़त्म होने वाला नहीं है और पीढ़ी दर पीढ़ी आगे जाता रहेगा।

जोनस ने उसका हाथ उठाया और रूबी को ध्यान से देखने लगा। 'ये सच में ख़ूबसूरत है... मुझे भी लग रहा है कि ये बहुत पुराना है, पूरी

तरह से कई पीढ़ियों पुराना.' उसने एना की ओर देखा। 'लेकिन क्या तुम्हें लगता है कि ये वास्तव में परियों की कहानी वाला हो सकता है? यह अलादीन जादुई चिराग वाला लड़का तो नहीं था?'

उसने हाँ में सर हिलाया। 'सुनीवा केवल अड़तीस साल की थीं जब उनकी मौत तपेदिक से हुई, और केवल यही अँगूठी उनके महान प्रेम की निशानी थी। आख़िर, आप किसी भी राह चलती महिला को ऐसी ख़ास अँगूठी नहीं दे देते हैं, या मैं यक़ीन नहीं कर सकती कि तुम ऐसा करोगे। इस्माइल ने उन्हें भरोसा दिलाया था कि ये एक हज़ार साल से ज़्यादा पुरानी है।'

'हो सकता है कि वो थोड़ा ज़्यादा ही बोल गया हो। हो सकता है कि आंटी उसकी बातों में आ गई हों, है न?'

एना ने पूरे यक़ीन के साथ इन्कार में सिर हिलाया। 'पचास साल पहले इसकी जाँच नॉर्वे के एक जौहरी ने की थी, जो पुराने रत्नों का विशेषज्ञ था, और उसने माना कि ये कम से कम कई सौ साल पुरानी है। उसने कहा कि ये एक पुरातात्विक महत्व की वस्तु है और शायद इसे ईरान के राष्ट्रीय संग्रहालय में रखा जाना चाहिए। उसने पूरे भरोसे के साथ कहा था कि ये नगीना बर्मा से आया है क्योंकि इसका रंग फाख्ता के ख़ून जैसा लाल है।'

'बर्मा से? फिर तो शायद ही किसी परी कथा से हो।'

'इस्माइल किसी ईरानी राजवंश से ताल्लुक रखता था, और उसकी पारिवारिक कहानियाँ सैकड़ों साल से चली आ रही थीं। आठ सौ साल पहले वास्तव में फारस में एक अलादीन रहता था। इस नाम का अर्थ है "नेक आस्था वाला", और, कहानी के मुताबिक, उसे ये नाम तब मिला, जब उसने अपनी रोज़ की प्रार्थनाओं और आस्था पर भरोसा करते हुए दुष्ट जादूगर का मुकाबला किया। दुष्ट जादूगर अलादीन को मारना चाहता था क्योंकि वह एक ख़ूबसूरत लड़की को लुभा रहा था। अलादीन

उस दुष्ट जादूगर से चालाकी से एक जादुई अँगूठी पाने में कामयाब रहता है, और वही जादुई अँगूठी उसे उन सभी काले जादू से बचाती है जो दुष्ट जादूगर ने उस पर आजमाने की कोशिश की थी।'

जोनस खाँसता है। 'और ये वही अलादीन है जो परियों की कहानी में है?'

एना ने इनकार किया।

'ज़रूरी नही। एक पीयर गिन्ट कभी गुड ब्रांड्स डेलन में रहता था, लेकिन क्या वही इबसेन के नाटक का पीयर गिन्ट था? मुझे नहीं लगता! और अगर मैं यहाँ ऐसी अँगूठी पहन कर बैठी हूँ जो कभी तेरहवीं शताब्दी में फारस में रहने वाले वास्तविक अलादीन की थी, तो भी कोई बात नहीं। वैसे, अगर मेरी समझदार माँ सही है तो एक और बात हो सकती है।'

'तो बताओ फिर,' जोनस ने कहा। 'मैं समझने की कोशिश कर सकता हूँ।'

एना ने उसकी आँख में झाँका। 'ये माना जा सकता है कि अँगूठी वास्तव में अलादीन नामक किसी शख़्स से मिली हो। लेकिन हो सकता है कि उसका नाम परियों की कहानी वाले अलादीन के नाम पर रखा गया हो। कोई नहीं जानता कि ये कहानी कितनी पुरानी है।'

'मुझे लगता है कि मैं इस पर तुम्हारी माँ के साथ हूँ।'

'लेकिन, अमेरिका से वापस आने के बाद सुनीवा आंटी ने अपने परिवार वालों से जो कहा था, वो कुछ और ही था। और, इसे वह अपनी आख़िरी साँस तक सच मानती रही थीं। इस बात का सिरा भी *अलिफ़ लैला* से ही जुड़ता है।'

जोनस ने अपनी घड़ी की ओर देखा और एना इसका मतलब समझ गई। एक-दो घंटे में अँधेरा हो जाएगा। लेकिन उसने अपनी कहानी आगे बढ़ाई: 'दो बार इस अँगूठी ने अलादीन की जान बचाई। पहली बार जब उसे एक गुफा में बन्दी बनाकर रखा गया था और प्रार्थना करने के लिए

उसने अपने हाथों को आपस में रगड़ा था। एक जिन्न प्रकट हुआ और उसे आज़ाद करवाया। दूसरी बार जब उसका पूरा महल, उसकी पत्नी और नौकरों के साथ, चीन से अफ्रीका ले जाया गया। अलादीन नदी के किनारे खड़ा था, दु:ख से पागल और डूबने से पहले अन्तिम प्रार्थना में अपने हाथों को आपस में जोड़ लिया। लेकिन जब उसने अपने हाथों को आपस में मिलाया, तो उसने अँगूठी को छुआ और जिन्न दूसरी बार प्रकट हुआ, अलादीन को उसकी प्यारी राजकुमारी के साथ फिर से मिलाने के लिए। जिन्न के पास, जो कुछ हुआ था उसे दोबारा पहले जैसा करने और पूरे महल को वापस चीन ले जाने की, ताक़त नहीं थी। ऐसा केवल चिराग से ही हो सकता था और चिराग अफ्रीका में था, लेकिन अँगूठी में इतनी ताक़त थी कि अलादीन की महल में जाने की इच्छा पूरी कर दे।'

'हाँ, मुझे याद है,' जोनस ने कहा।

'सुनीवा आंटी हमेशा कहा करती थीं कि इस अँगूठी में *तीन इच्छाओं* को पूरी करने की ताक़त है, और केवल दो इच्छाएँ अभी तक जताई गई हैं। वह इस यक़ीन के साथ ही इस दुनिया से गईं कि जिसने भी ये अँगूठी पहनी हो, उसकी एक इच्छा पूरी हो सकती है, लेकिन केवल एक। सुनीवा में कभी इतनी बड़ी इच्छा नहीं जगी कि वह अँगूठी को अन्तिम बार इस्तेमाल करने की बात को जायज ठहरा सकें, तब भी नहीं, जब वह मौत को सामने देख रही थीं। उस समय उन्होंने सोचा कि इस मौक़े को तब तक टालना बेहतर होगा, जब तक कि इतनी बड़ी, अहम ज़रूरत न हो कि अँगूठी दुनिया को बचाने में मदद कर सके।'

जोनस टेबल से उठा और क़मरे में टहलने लगा। फिर, उसने एना की ओर इशारा किया और कहा : 'और तुम्हें ये मौक़ा विरासत में मिल गया?'

एना ने उसकी ओर देखकर हाँ में सिर हिलाया। 'लेकिन मैंने इसका इस्तेमाल कर लिया है, जोनस,' उसने कहा, शान्त लेकिन जीत की

भावना के साथ। 'मैंने आख़िरी मोक़े का इस्तेमाल कर लिया है। खैर, अभी नहीं, लेकिन सत्तर साल बाद मेरी दिली ख़्वाहिश होगी कि दुनिया को दूसरा मौक़ा दिया जाए। ये इच्छा इतनी बड़ी है कि अँगूठी इसे पूरी नहीं कर सकती। इसलिए इसके बजाय मैंने पूछा कि क्या मैं उस समय में वापस जा सकती हूँ जब दुनिया के पास मौक़ा बचा था। और देखो... मैं यहाँ हूँ। फिर मैं तुमसे मिली और हम यहाँ हैं, जोनस। हमें दूसरा मौक़ा नहीं मिलेगा। अलादीन की जादुई अँगूठी में अब कोई जादू नहीं बचा है, इसका मुझे पूरा यक़ीन है।'

जोनस ने इनकार में सिर हिलाया। 'मुझे नहीं पता कि किस बात पर यक़ीन करूँ।' उसकी आवाज़ में हताशा थी।

'लेकिन शायद ये असली मुद्दा नहीं है।'

'तुम क्या कहना चाहती हो?'

'असली मुद्दा ये है कि तुम्हें *यक़ीन* करना होगा।'

एना ने बाहर झाँका। उसने अपनी उम्र की एक लड़की को यार्ड से गुज़रते हुए देखा। उसने लड़की का चेहरा ठीक से नहीं देखा, लेकिन उसकी चाल उसे कुछ जानी-पहचानी लग रही थीं।

वह हैरानी से उछल पड़ी, फिर सामने के दरवाज़े की ओर भागी, उसे पूरा खोला और चिल्लाई :

'हैलो?'

जोनस दरवाज़े पर ये देखने के लिए गया कि वह किसे पुकार रही है।

'वह नोवा थी,' उसने दरवाज़ा बन्द करते हुए कहा। 'क्या तुमने उसे नहीं देखा?'

'मैंने कुछ नहीं देखा।'

'वह वही लड़की है जिसका सपना मैं देखती हूँ। जब मैं सपना देखती हूँ तो मैं वही होती हूँ।'

जोनस ने एना को मजबूती से कंधे से पकड़ लिया।

'तुम सच में ये नहीं कह रही हो कि तुमने अपनी परपोती को चलते हुए देखा है, है न?'

'हाँ, मैंने देखा है!'

'लेकिन एना .... '

'हाँ?'

'तुमने अपने फ़ोन में उसकी तस्वीर क्यों नहीं ली?'

उसने सवाल के बारे में कुछ सोचा। फिर उसने कहा : 'शायद असली बात ये नहीं है।'

'क्या सचमुच?'

'असली बात ये है कि *मैंने* उसे देखा।'

अन्तरराष्ट्रीय जलवायु न्यायालय

गर्मी का मौसम है और उसने लाल रंग की ड्रेस पहनी है। उसे हेग स्थित अन्तरराष्ट्रीय जलवायु न्यायालय में गवाह के रूप में बुलाया गया है। पहली बार है जब वह विदेश गई है।

वह लड़के का हाथ पकड़ लेती है जब वे शहर में घूम रहे होते हैं–वे कपल बन गए हैं, या शायद वे सिर्फ़ ऐसा दिखावा कर रहे हैं। लड़के ने गहरे रंग का सूट और सफ़ेद क़मीज़ पहनी है; वह थोड़ा-थोड़ा राजनेता जैसा दिखता है। उसे भी गवाह के तौर पर बुलाया गया है और शायद इसलिए उसने अपने सबसे अच्छे कपड़े पहने हैं। उन्हें आसानी से एक नवविवाहित जोड़ा समझने की भूल की जा सकती है, लेकिन शायद वे केवल एक नाटक कर रहे हैं।

ऊँची इमारतों के बीच, वे एक बड़ा चौराहा पार करते हैं जहाँ एक

दर्जन ऊँट इकट्ठे हैं। हो सकता है कि यह कभी एक कार पार्क रहा हो। अभी भी कुछ चार पहिया वाहन आगे-पीछे चल रहे हैं, लेकिन ज़्यादा नहीं। ऊँटों को पेड़ों से बाँध दिया गया है और वाहनों को उनके चार्जिंग स्टेशनों पर रखा गया है।

कई साल पहले अन्तरराष्ट्रीय जलवायु न्यायालय ने बाँधों व तटबंधों को बनाने और ग़रीबी के खिलाफ लड़ाई जैसी पहल के लिए, नॉर्वे को उसके तेल कोष का सत्तानवे फ़ीसदी हिस्सा देने का आदेश दिया था। अमीरात को भी ऐसा ही आदेश मिला था, जहाँ से वह लड़का आया है। दोषी अब अपनी हरकतों की क़ीमत चुका रहे हैं। जीवाश्म ईंधन की तेज़ी से निकासी वैश्विक स्तर पर चोरी थी, और नॉर्वे को विशेष रूप से गम्भीर सज़ा मिली क्योंकि स्टेटॉयल ने टार सैंड से तेल निकाला और जमकर प्रदूषण फ़ैलाया था। कंपनी ने अपने बचाव में कहा कि *अगर उन्होंने* ऐसा नहीं किया होता तो *कोई और* करता और शायद इससे ज़्यादा प्रदूषण होता। हर देश अपने बचाव में इसी दलील का इस्तेमाल करता है : *अगर हमने ऐसा नहीं किया होता तो कोई और करता।*

वे विशाल अदालत तक जा रही सीढ़ियाँ चढ़ते हैं जहाँ वे अन्तरराष्ट्रीय जलवायु न्यायालय में गवाही देंगे। उन पर सबकी निगाहें हैं। बच्चे उनके गुज़रने के साथ ही उन पर गुलाब की पंखुड़ियाँ फेंकते हैं; उन्हें गलती से नवविवाहित जोड़ा समझ लिया गया है।

कोर्ट रूम की तरफ़ जाने वाली गैलरी में एक टीवी कंपनी उनका इंटरव्यू लेती है। उनसे पूछा जाता है कि उन्हें सबूत देने के लिए क्यों बुलाया गया है। वह क़ैमरे में देखती है और कहती है :

'हम नौजवान हैं। हमें इस बात की गवाही देनी है कि जलवायु संकट राष्ट्रों के बीच संघर्ष नहीं है। केवल एक ही वायुमंडल है और अन्तरिक्ष

से कोई भी राष्ट्रीय सीमा दिखाई नहीं देती। ये *पीढ़ियों* के बीच का संघर्ष है, और इसके शिकार आज के नौजवान हैं।'

वह लड़के को अपना हाथ दबाते हुए महसूस कर सकती है। उसे समझ नहीं आता कि क्या वह ऐसा इसलिए कर रहा है क्योंकि उसकी बात से सहमत है या इसलिए कि उसे लगता है कि उसने सही तरीक़े से अपनी बात को रखा–या सिर्फ़ इसलिए कि वे दोनों एक बहुत ही महत्वपूर्ण काम में साथ-साथ हैं।

वह क़ैमरे में देखता है और कहता है :

'हम दोनों तेल उत्पादक देशों से आते हैं और हम दोनों के देश अचानक बहुत अमीर हो गए। लेकिन अमीरात, जहाँ से मैं हूँ, में हमें भयानक सूखे और झुलसाने वाली गर्मी की वजह से, वहाँ से भागना पड़ा। अब हमारा कोई देश नहीं है—सब ओर बस रेगिस्तान है।'

नोवा लड़के की ओर देखकर मुस्कुराती है। एक बार फिर से वह क़ैमरे में देखती है और कहती है : 'यह नौजवान आज दुनिया के करोड़ों जलवायु शरणार्थियों में से एक है।'

स्की वाले दस्ताने

वे केबिन साफ़ करने लगे। लड़की ने लकड़ी की भट्ठी वाला छेद बन्द कर दिया और लड़के ने प्लेटफ़ॉर्म पोछा। लड़के ने पूछा कि क्या वह उसके साथ वापस जा सकता है और रुक सकता है। या अरब लड़का अभी भी कुशन रूम में है?

वह खिलखिला उठी। फिर थोड़ी गम्भीर हो गई। उसने उसके दोनों हाथ अपने हाथों में ले लिए और उसकी आँखों में देखा : 'आज के लिए ये सही नहीं है, जोनस। सोने से पहले मुझे कुछ करना है... मुझे कुछ लिखना है। मेरे पास एक डेडलाइन है—सोलह साल की होने से पहले मुझे कुछ भेजना है।'

एना ने सभी प्रिंट-आउट और कतरनों को वापस उनके फोल्डरों में डाल दिया, फिर उन्हें अपनी जेब में ठूँस लिया, और जोनस ने अपनी बात को संक्षेप में कहा :

'काश मेरे पास इसका बेहतर जवाब होता कि हम 1001 पौधों और जानवरों को कैसे बचा सकते हैं। मुझे ऐसी बात नहीं कहनी चाहिए थी, जिसका मुझे हक़ नहीं है।'

'मुझे ये मज़ेदार लगा, जोनस।'

जोनस ने एना के कंधे पर हाथ रखा और उसकी आँखों में देखा:

'मुझे ख़ुशी है कि तुमने मुझे छोड़ा नहीं।'

'मैं ऐसा नहीं करती, जोनस। मैं हमेशा तुम्हारे साथ रहना चाहती हूँ।'

वे पहाड़ी से नीचे स्कीइंग करते हुए उतरे, और जब वे लेक ब्री के पास, नीचे पहुँचे तो उन्होंने एक-दूसरे को अलविदा कहा और अपने-अपने अलग रास्तोंपर जाने के लिए तैयार हो गए। जोनस दक्षिण-पश्चिम और एना दक्षिण-पूर्व की तरफ़। जोनस सोच में पड़ गया था कि वह किसे लिख रही है। क्या कोई ऐसा शख़्स है जिसे वह जानता है?

लेकिन एना ने इसे राज़ बनाए रखा था और कहा था कि किसी ऐसे शख़्स को लिख रही है जिसके बारे में वह एक दिन जान जाएगा।

अचानक किसी चीज़ ने उसका ध्यान खींचा। उसने उसकी लाल स्की वाले दस्तानों की ओर इशारा किया और कहा : 'जब हम यहाँ आए थे तो ये नीले थे।'

उसने शरारती अन्दाज़ में हामी भरी।

'अब वे कहाँ हैं?'

उसने अपने दस्ताने उठाए और कहा : 'यहाँ...।'

उसने मना करने के अन्दाज़ में अपना सिर हिलाया, लेकिन एना ने अपने दस्ताने उतारे और उसे दिखाया कि वो उन्हें कैसे दोनों तरफ़ से पहन सकती है। एक तरफ़ वे नीले और दूसरी तरफ़ लाल थे।

उसने एना को गले लगाया और कहा :

‘ढलान पर सावधान रहना! और उस लड़की को... खोजने मत लगना। मुझे तुमसे दूर जाने में डर लगता है, एना। मुझसे ये वादा करो। मुझसे...अजीब... बर्ताव मत करना।’

चिड़ियाघर

वे शहर से बाहर जाने वाले रास्ते में भीड़भाड़ वाली एक ट्राम में खड़े हैं। यहाँ गर्मी है। उन दोनों ने जीन्स और चटख रंग वाले टी-शर्ट पहने हैं। आप ये बता नहीं सकते कि लड़का अमीरात से आया है। वे एक बड़े चिड़ियाघर के प्रवेश द्वार पर ट्राम से उतरते है। फाटक के ऊपर लाल रंग में मोटे अक्षरों में लिखा है : इंटरनेशनल जूलॉजिकल पार्क। अन्दर जाना मुफ्त है। हेग का इंटरनेशनल जू दुनिया के सभी लोगों का है और यूनेस्को की विश्व विरासत स्थलों की सूची में शामिल है।

जैसे ही वे अन्दर जाते हैं, उन्हें दूर-दूर तक सवाना का विस्तार दिखता है। शेर और बाघ जैसे जानवर हिरणों, कीड़े-मकोड़े खाने वाले जानवरों, चूहों-खरगोशों, कंगारुओं और बन्दरों के साथ खुलकर घूम रहे हैं। पहली नज़र में, आप सोचेंगे कि ये जानवर पालतू हैं, लेकिन नोवा

जानती है कि ये जानवर असली नहीं हैं। ये होलोग्राम हैं, और ये मांस और ख़ून के नहीं, बल्कि लेजर किरणों से बने हैं।

इनके रंग, चाल और आकार अविश्वसनीय रूप से असली-जैसे हैं। अचानक उनके सामने एक कंगारू उछलता हुआ आता है, एक काला चीता घास के मैदानों में भागता है और कबूतर हवा में शिकारी पक्षियों के बगल में उड़ते हैं। लेकिन ये सब ज़िन्दा नहीं हैं। ये सब आभासी हैं। ये न तो एक-दूसरे के लिए ख़तरा हैं और न ही इन्सानों के लिए। इसी वजह से ये कोई शोर नहीं करते। उन्हें न तो भोजन की ज़रूरत है, न उनके जुएँ देखने की, और न ही वे झाड़ियों में शौच करते हैं।

लड़का अपनी बांह से नोवा के कंधों को घेर लेता है। जू में चलना ऐसा लग रहा है जैसे वो अतीत में चल रहे हों; क़रीब-क़रीब ऐसा है जैसे आप स्वर्ग के बगीचे में लौट आए हों।

ये कोई संयोग नहीं था कि दुनिया की सरकारों ने हेग को इंटरनेशनल जू बनाने के लिए चुना। बर्बाद हो गए प्राकृतिक आवासों के सबूत के तौर पर ये चिड़ियाघर उसी शहर में बनाया गया जहाँ इंटरनेशनल क्लाइमेट कोर्ट बनाया गया। चिड़ियाघर क़े जानवरों के ज़िन्दा नमूने पृथ्वी से ख़त्म हो चुके हैं, साथ ही उनके इलाके और पारितंत्र भी ख़त्म हो चुके हैं जहाँ वे फलते-फूलते थे। चिड़ियाघर के पेड़-पौधे भी नकली हैं। कई झाड़ियाँ और पेड़- पौधे लुप्त हो चुके हैं। केवल वो घास असली है जिस पर वे चल रहे हैं, और जब नोवा अपने जूते के फीते बाँधने नीचे झुकती है, उसे छोटी ग्रीनफ़्लाई नज़र आती है, और शायद वह असली है, हालाँकि ये बता पाना मुश्किल है।

एक जिद्दी सियार उनके रास्ते में खड़ा है, और अरबी लड़का उसे अपने घुटने से एक तरफ़ धकेलने की कोशिश करता है, लेकिन सियार तो केवल परछाई है।

लड़का रुक जाता है और सियार वहाँ से हट जाता है। वह नोवा

के बाल सहलाता है और उसकी सुनहरी भूरी लटों में अपनी उँगलियाँ फिराता है। फिर पूछता है : 'ये चिड़ियाघर हमें ख़ुशी देने के लिए है या फिर ये हमारे लिए एक दर्द भरी यादगार है?'

नोवा अपने हाथ उसकी टी-शर्ट के अन्दर डालती है, उसकी छाती थपथपाती है और उसकी तरफ़ देखती है। 'ये दुखद लेकिन ज़रूरी यादगार है—हमें इसे कभी भी भूले जाने की इज़ाज़त नहीं देनी चाहिए।'

पहचान

अँधेरा उतरने लगा था। एना भूर्ज के पेड़ों के बीच से स्कीइंग करते हुए कार पार्क को पार कर गई। वहाँ से पहाड़ी सड़क से होते हुए नीचे उतरी, जो पक्की सड़क नहीं थी।

तभी उसे उस लड़की की एक झलक दिखी जिसे उसने फार्म में देखा था। लड़की सड़क छोड़कर जंगल में जा रही थी। उसने अपने हाथों में एक मशीन ले रखी थी, और मशीन में से नीली रोशनी आ रही थी। इस बार एना उसका चेहरा देखने में कामयाब हो गई। वह दिखने में थोड़ी-थोड़ी—एना जैसी थी...

जब एना सपना देख रही थी कि वह इस लड़की की जगह है, उसने अपना चेहरा ही नहीं देखा था। उसने कभी आइने में नहीं देखा था। क्या

बदक़िस्मती है!

वह स्की करके किनारे पहुँची और फिर वहाँ गई जहाँ लड़की ने सड़क पार की थी। वह खुली जगह तक चलती रही और फिर उसे बर्फ़ में पैरों के गहरे निशान दिखे। लेकिन लड़की तो जैसे हवा में ग़ायब हो गई थी।

अब लगभग अँधेरा हो गया था, लेकिन पूरा नहीं। आज चांद का कोई नामोनिशान नहीं था, लेकिन आसमान में ज़्यादा से ज़्यादा तारे दिखाई देने लगे थे।

उसने कहीं पढ़ा था कि सूर्य से सबसे क़रीब का तारा 4.3 प्रकाश वर्ष दूर था। इसे अल्फा सेंटौरी कहा जाता था। किसी जंबो जेट की रफ्तार से सफ़र करने पर भी, वहाँ पहुँचने में पचास लाख साल लगेंगे।

उसका अपना ग्रह कितना क़रीब और कितना कमज़ोर लगने लगा था।

उसे कुछ याद आया जो उसने लाल डिब्बों में से एक के किसी लेख में पढ़ा था। इसमें जोखिम उठाने और ज़्यादा हिम्मत दिखाने के बारे में बात की गई थी। इस वक़्त अँधेरा इतना था कि पढ़ा नहीं जा सकता था, और उसके पास टॉर्च नहीं थी। उसके दिमाग़ में अपनी परपोती का ख़याल आया जो अपने टर्मिनल के साथ इसी खुली जगह पर दिखी थी, और फिर एना ने अपने दस्ताने उतारे और अपना फ़ोन बाहर निकाला। उसे एक वाक्य अच्छी तरह याद था, और उसने गूगल की मदद से लेख को ऑनलाइन ढूँढ़ना चाहा। *हमारा नैतिक क्षितिज कितना* दूर *है?* लेख खुलने में एक सेकेंड से भी कम समय लगा।

हमारा नैतिक क्षितिज कितना दूर है? अन्त में ये सवाल *पहचान* से जुड़ा है। इन्सान क्या है? और मैं कौन हूँ? अगर मैं केवल मैं होता—यहाँ बैठकर लिख रहा शरीर भर–तो मैं बग़ैर उम्मीद

का एक प्राणी होता। लम्बे वक़्त में तो ये होता ही है। लेकिन मेरी एक पहचान, मेरे अपने शरीर और पृथ्वी पर मेरे बिताए हुए वक़्त से भी गहरी है। मैं—ख़ुद से बड़ी और ताक़तवर किसी चीज़—का हिस्सा हूँ और मेरी उसमें भागीदारी भी है।

अगर मेरे पास इसी पल मरने का विकल्प होता, लेकिन इस गारंटी के साथ कि इन्सान मेरे बाद हज़ारों साल तक ज़िन्दा रहेगा, और दूसरा विकल्प होता कि मैं सौ साल तक खराब सेहत के साथ ज़िन्दा रहूँगा, लेकिन इस दौरान पूरी इन्सानियत ख़त्म हो जाएगी, तो मुझे फैसला लेने में कोई हिचक नहीं होती। मैं इसी वक़्त और यहीं मरने का फैसला करता–और यह किसी कुर्बानी की तरह नहीं बल्कि इसलिए कि मैं जिसे *'मैं'* मानता हूँ, उसका कुछ हिस्सा पूरी इन्सानियत का प्रतिनिधित्व करता है। और मैं अपने उस हिस्से को खोने से डरता हूँ। ये खयाल ही मुझे अन्दर तक डरा देता है कि ऐसा हो सकता है। मैं इस बात से ज़्यादा डरता हूँ कि कुछ सौ या कुछ हज़ार सालों में इन्सानियत ख़त्म हो जाएगी, इस बात से नहीं कि किसी भी पल मेरी आत्मा मेरे शरीर से निकल जाएगी–वैसे भी, चाहे जो हो जाए, यह तो एक दिन होना ही है।

कभी-कभी मैं उस ग्रह की तरफ़ से सोचता हूँ जिस पर मैं रहता हूँ। यह भी तो मेरा एक हिस्सा है। मैं इस ग्रह की क़िस्मत को लेकर चिंतित हूँ क्योंकि मुझे अपनी पहचान का मर्म खोने का डर है।

इसमें यह नहीं लिखा गया था कि इस लेख को किसने लिखा था, और एना खड़ी होकर सोचती रही कि कौन हो सकता है। कोई औरत है

या मर्द? फिर वो हँसने लगी। पूरा लेख अपनी पहचान से कहीं ज़्यादा बड़ा और ताक़तवर होने के बारे में था।

शायद इसलिए लेखक का नाम इसमें नहीं दिया गया था!

ग्रह

वह अरबी लड़के के साथ एक अन्तरिक्ष यान में बैठी है। उन्होंने ग्रह की बेहतरी के अपने प्रयासों के सम्मान के तौर पर एक अन्तरराष्ट्रीय पुरस्कार जीता है। पुरस्कार है पृथ्वी की बारह बार परिक्रमा।

छोटे से केबिन में केवल वे दोनों हैं। उन्हें किसी भी तकनीकी चीज़ की चिन्ता करने की ज़रूरत नहीं है : अन्तरिक्ष यान को चलाने और उसे नियंत्रित करने का काम कम्प्यूटरों का है; उन्हें बस इतना करना है कि आराम से बैठें और सफ़र का मजा लें।

वे नीचे अपने ग्रह को देखते हैं। वे दोनों सौ साल से भी पहले के अपोलो मिशन से ली गई पृथ्वी की तस्वीरें देख चुके हैं। पृथ्वी अब पहचान में नहीं आती। बादलों और तूफानों की वजह से काफी ज़्यादा

धुंधली हो गई है। ज़मीन पर उनके अनुभव से यह तथ्य मेल खाता है। जो ग्रह कभी काँच की नीली-हरी गोली की तरह दिखती थी, अब वह ऊन के बेरंग गेंद-जैसी हो गई है।

इतने बादलों के बावजूद, अन्तरिक्ष में होने का अहसास अभी भी शानदार है, और वे बादलों के बीच कहीं-कहीं हरे, भूरे और नीले हिस्सों की झलक देख पाते हैं। *वह है* अफ्रीका, और *वहाँ* भारत, चीन और जापान...

लड़की को सबसे ज़्यादा जो चीज़ चौंकाती है, वह है खामोशी। उसे केवल अपने दोस्त की साँसों की आवाज़ सुनाई देती है। वह सोचती है कि उसे लड़के के दिल की धड़कन भी सुनाई दे रही है। या ये उसकी अपनी धड़कन है?

लड़का उसकी तरफ़ देखकर मुस्कुरा रहा है। 'तुम कितनी सुन्दर हो,' कहता है। वह शरमा जाती है और अपने ग्रह की तरफ़ देखने लगती है। वह उस दुनिया को देखती है जिसने उसे बनाया है और चाहती है कि ये कहक़र विषय को बदल दे कि वह एक ख़ूबसूरत ग्रह पर रहती है। ये ग्रह एक वक़्त ख़ूबसूरत था भी।

पृथ्वी का कोई भी आदमी अब उन्हें नहीं देख सकता। वे पूरी तरह से अपने उपकरणों पर निर्भर हैं, और एक-दूसरे पर। वह सोचती है कि एक छोटे अन्तरिक्ष यान में किसी के साथ होना उसके साथ वक़्त बिताने का सबसे अन्तरंग तरीक़ा है, जिसे आप प्यार करते हैं।

यहाँ ऊर अन्तरिक्ष में, दिन और रात केवल कुछ घंटों तक रहते हैं। लेकिन उन्होंने बारह बार सूर्य को उदय होते और अस्त होते देखा है, और बादलों के ऊपर आसमान हमेशा नीला रहता है।

स्क्रीन पर चिट्ठी

उसने अपने डैड के साथ खाना खाया और शुभ रात्रि कहा। वह बस यही बात करते रहे कि क्यों उसे स्कीइंग करते वक़्त दोबारा लाल अँगूठी नहीं पहननी चाहिए। सोचो कि अगर उसने अँगूठी बर्फ़ में गिरा दी तो!

वह ये जानकर बुरी तरह चौंक गए थे कि उसने इसे पहन रखा था जब वो जोनस से मिलने गई थी। वह इसे आसानी से गँवा देगी, जब अपने दस्ताने उतारेगी या कोई मैसेज पढ़ने के लिए अपनी जेब खोलेगी। क्या उन्होंने उसे बताया नहीं था कि अँगूठी थोड़ी बड़ी है? इसी वजह से उन्होंने उसके सोलहवें जन्मदिन तक का इन्तज़ार किया था।

अब एना अटारी वाले नीले क़मरे में अपने कम्प्यूटर के सामने बैठी थी। उसने अपनी परपोती को लिखी चिट्ठी पूरी कर ली थी और उसे अपने प्रेशर ग्रुप के ब्लॉग पर डाल दिया था। जब वो चिट्ठी लिख रही

थी उसे याद आता गया कि नोवा को इंटरनेट पर क्या-क्या मिला था, लेकिन उसने ज़्यादातर चिट्ठी शुरू से लिखी। उसने जो लिखा था उसे एक बार फिर से पढ़ा :

प्यारी नोवा,

मुझे नहीं पता कि दुनिया कैसी होगी जब तुम इसे पढ़ोगी, लेकिन *तुम्हें* पता है। तुम जानती हो कि जलवायु परिवर्तन कितना हानिकारक रहा है, प्रकृति कितनी बर्बाद हो गई है और शायद ठीक-ठाक पता हो कि कौन से पौधे और जानवर अब विलुप्त हो गए हैं।

मुझे तुम्हें लिखना मुश्किल लग रहा है। किसी ऐसे को लिखना आसान नहीं है जो मेरी कई पीढ़ियों के बाद धरती पर रहेगा। और ये जानकर लिखना और भी मुश्किल है कि जिसे मैं लिख रही हूँ, वह मेरी परपोती है। लेकिन मैं कोशिश करूँगी कि मैं पूरी ईमानदारी दिखा सकूं।

यहाँ, दुनिया के सबसे अमीर हिस्से में, जहाँ मैं रहती हूँ, वहाँ अभी भी केवल एक चीज़ ही मायने रखती है। हम इसे उपभोग कहते हैं। दूसरे कई समाजों में लोग बुनियादी ज़रूरतों की बात करते हैं। जब हम 'उपभोग' जैसे शब्दों का इस्तेमाल करते हैं, मेरा मानना है कि यह इस वजह से है कि हम किसी ऊपरी सीमा को नहीं देखना चाहते। पेट कभी भरता ही नहीं। ऐसा शब्द जिसका इस्तेमाल अब शायद ही होता है, वो है *पर्याप्त*। इसके अलावा हम जिस शब्द का ज़रूरत से ज़्यादा इस्तेमाल करते हैं, वो है : और *ज़्यादा*।

तुम मुझसे बेहतर जानती हो कि इसके नतीजे क्या होंगे, लेकिन ग्रीनलैंड और आर्कटिक की बर्फ़ ने पहले ही पिघलना शुरू कर दिया है, और तेल और गैस के ज़्यादा भंडारों की तलाश जारी है। नेताओं का कहना है कि हमें तेल की आख़िरी बूँद तक तलाश करनी चाहिए क्योंकि दुनिया को ज़्यादा ऊर्जा की ज़रूरत है। उनका कहना है कि ज़्यादा लोगों की ग़रीबी दूर करने के लिए दुनिया को ज़्यादा तेल और गैस चाहिए। लेकिन वे झूठ बोल रहे हैं। वे जानते हैं कि उनकी प्रेरणा ग़रीबों की भलाई नहीं है। वे किसी से भी बेहतर जानते हैं कि अमीर देशों की तेल और गैस की और ज़्यादा खपत सबसे ग़रीब लोगों के लिए चीज़ों को और बदतर बनाएगी। तेल कंपनियाँ और सबसे अमीर तेल उत्पादक देशों को ज़्यादा मुनाफा चाहिए। *ज़्यादा*, और *ज़्यादा*। किसी में राजनीतिक इच्छा शक्ति नहीं है कि तेल और गैस के बचे हुए भंडारों को अब छोड़ दिया जाए। और न ही ये इच्छा शक्ति आम लोगों में है। हम एक स्वार्थी पीढ़ी हैं। हम एक निर्दयी पीढ़ी हैं। इस बात की तो समझ ही नहीं है कि हमारे बाद की पीढ़ियों को भी इस ऊर्जा की ज़रूरत हो सकती है। एक शब्द जिसका हम शायद ही इस्तेमाल करते हैं, वह है 'किफ़ायत'। लेकिन 'पारिस्थितिक जागरूकता' और 'कार्बन-मुक्त' अख़बारों में ख़ूब दिखते हैं। हमने एक भाषा विकसित कर ली है, क़रीब-क़रीब एक निरर्थक भाषा, जिसका असलियत से कोई लेना-देना नहीं है।

तो क्या सच में आशा की कोई किरण नहीं है? शायद हाँ, शायद ना। मैं बस एक सवाल पूछ सकती हूँ। जवाब तुम्हें पता है।

मेरे पास तुम्हारे लिए कोई समाधान भी नहीं है। मैं बस ज़्यादा

से ज़्यादा ये कर सकती हूँ। इस दृश्य की कल्पना करने की कोशिश करो :

लोग जहाँ भी जाते हैं—पहाड़ों और जंगलों में, बाज़ारों और गलियों में, अंडरग्राउंड स्टेशनों और हवाई अड्डों पर—हरी मशीनें लगा दी गई हैं। आप अपना बैंक कार्ड स्वाइप करते हैं और दुनिया भर से प्रकृति की सबसे शानदार तस्वीरें देखते हैं। कुछ लोग किसी ख़ास पौधे या जानवर के बारे में जानना चाहेंगे; कुछ लोग किसी ख़ास पारितंत्र या प्राकृतिक आवास के बारे में। मुद्दा ये है, आप केवल प्रकृति के उस हिस्से का अनुभव ले सकते हैं जिसके लिए आप योगदान कर सकते हैं। इन मशीनों से होने वाली सारी कमाई हमारे ग्रह को बचाने के लिए इस्तेमाल होती है, क्योंकि पूरी दुनिया में ऐसी करोड़ों मशीनें लगाई जा सकती हैं। और फिर पर्यावरण को मज़ेदार विषय बनाने के लिए प्रतियोगिताएँ और लॉटरी तो हैं ही।

शायद दुनिया की सबसे बड़ी उम्मीद है एक नए तरह की स्लॉट मशीन—हालाँकि ये बात स्वीकार करने में मुझे तकलीफ़ हो रही है।

लेकिन हम मानव प्रकृति या लोकतंत्र की सच्चाई से मुँह छिपाकर कहीं नहीं पहुँच पाएँगे।

भविष्य के बारे में ऐसा काफी कुछ है जो मैं नहीं जानती। मैं केवल इतना जानती हूँ कि मुझे इसके निर्माण में हिस्सा लेना है। और शायद मैंने एक छोटी सी शुरुआत कर दी है।

तुम्हें और तुम जिस दुनिया में बड़ी होगी, उसके लिए ढेरों शुभकामनाएँ।

प्यार के साथ,

तुम्हारी परदादी एना (नायरूद)

घड़ी ने बारह बजाया और उसका जन्मदिन आ गया। अभी घड़ी में 12 दिसम्बर, 12 हुए थे। वह लगभग चौंक सी गई थी कि कुछ भी नाटकीय नहीं हुआ जब मिनट की सुई ने आधी रात के समय को पार कर लिया : पेट्रोल स्टेशन पर कोई टक्कर नहीं हुई थी, छत से कोई बर्फ़ नहीं गिरी थी, उसके ताखों से कोई किताब नहीं गिर रही थी।

लेकिन उसके तुरन्त बाद उसे बेंजामिन का एक टेक्स्ट मैसेज मिला :

यहाँ सब अच्छा है। कुछ मिनटों पहले ई को केन्याई सैनिकों ने छुड़ा लिया। वह अच्छी हालत में है, उसने अभी फ़ोन करके बताया। हिम्मत देने के लिए शुक्रिया ! शुभकामनाओं के साथ, बेंजामिन।

ज़रूरी बात। उसके साथ अच्छा बर्ताव हुआ, उसे बाहर बैठने दिया गया, उसे बाँधा नहीं गया था। उसने बंधक बनाने वालों के साथ पासे खेले! मैं जॉगिंग के लिए गया। बेंजामिन।

एना ने राहत की साँस ली और उसे अपनी आँख के कोने से आँसू की एक बूंद गिरती महसूस हुई। उसने बेंजामिन को फ़ोन लगाया जो उन्होने तुरन्त उठा लिया :

'एना, क्या तुमने फ़ोन किया है?'

'मुझे यक़ीन था कि एस्टर को 12 दिसम्बर को छोड़ा जाएगा।'

'क्यों?'

‘दुनिया एक लूप में चल रही है, और हमने एक नए युग की दहलीज पार कर ली है।’

‘लेकिन क्यों?’

‘मुझे नहीं लगता कि आपके पास इस क्यों का जवाब सुनने का सब्र होगा। लेकिन आज मेरा सोलहवां जन्मदिन है।’

‘हैप्पी बर्थडे!’

‘थैंक यू।’

‘तुमने फ़ोन किया तो मुझे अच्छा लगा, एना, लेकिन अब मुझसे दोबारा सम्पर्क करने के लिए तुम्हें थोड़ा इन्तज़ार करना पड़ सकता है।’

‘फिर मैं आपको अभी कुछ बताती हूँ—दरअसल, मैं आपसे कुछ पूछना चाहती हूँ।’

‘ज़ल्दी बोलो! जितना संक्षिप्त हो सके।’

‘मैं अभी भी सपने में देखती हूँ कि मैं अपनी परपोती हूँ। । और अब तो मैंने उसे हाड़-मांस में देखा है। आपको यक़ीन है कि मैं बीमार नहीं हूँ?’

‘तुम बीमार नहीं हो, एना। साथ ही...’

‘हाँ?’

‘शायद तुम ज़्यादातर लोगों से ज़्यादा सेहतमन्द हो। शायद ज़्यादा लोगों को तुम्हारी तरह होना चाहिए।

‘वो क्यों?’

‘हमें अपने वारिसों की कल्पना करने में बेहतर होना है, उन्हें पहचानने में बेहतर होना है जिन्हें ये दुनिया विरासत में मिलेगी। ’

‘कितनी ख़ूबसूरती से समझाया आपने!’

‘तुम मुझसे कुछ और पूछना चाहती हो क्या?’

‘हाँ... आपके कान में तारे जैसी ईयरिंग क्यों है?’

वह हँस पड़े :

‘मेरी पत्नी ने तीस से ज़्यादा साल पहले, एस्टर के पैदा होने के कुछ दिनों के बाद इसे मुझे दिया था।’

‘बढ़िया!’

‘एस्टर का मतलब है “तारा”। और कोई भी तारा नहीं। सुबह का तारा—या शुक्र।’

‘मुझे लग रहा है कि मैं मूर्ख हूँ!’

‘ऐसा क्यों?’

‘क्योंकि मैंने ये अनुमान नहीं लगाया।’

‘गुडनाइट, एना।’

‘गुडनाइट, बेंजामिन।’

‘एक मिनट रुको!’

‘हाँ?’

‘क्या तुम्हें बुरा लगेगा अगर मैं मरीज की गोपनीयता भंग करूँ?’

‘मैं क्यों बुरा मानूंगी? मेरे पास छिपाने को कुछ नहीं है।’

‘बढ़िया। मैं एस्टर को तुम्हारा अभिवादन भेजना चाहता हूँ। तुम्हें देखकर मुझे 16 साल की एस्टर याद आ जाती है। तुम्हारे अन्दर भी वही जिज्ञासा है, वही संकल्प है।’

‘मुझे अच्छा लगेगा। उन्हें मेरी तरफ़ से हैलो कहिएगा!’

‘वैसे, नियमों के हिसाब से, मुझे अपने मरीजों के बारे में बताने की अनुमति नहीं है।’

‘लेकिन मैंने तो आपको कहा है कि आप ऐसा कर सकते हैं। ये बहुत अच्छा रहेगा अगर आप उन्हें मेरी तरफ़ से हैलो कहें और आप उन्हें वो सारी बातें बता सकते हैं जो हमने की हैं। वैसे, आपने मुझे कोई इलाज तो बताया नहीं। आपने बस इस बात की पुष्टि की है कि मुझे इलाज की ज़रूरत नहीं है। इसलिए मैं नहीं कहूँगी कि मैं आपकी “मरीज” हूँ।’

‘शायद तुम्हारा कहना सही है।’

'आप एक दोस्त हैं, बेंजामिन।'

वह हँस पड़े।

'गुडनाइट एना।'

'गुडनाइट!'

एना बिस्तर पर चली गई। उसे ऐसा लगा कि वह न जाने कब से वहाँ नहीं गई थी।

शायद इसलिए क्योंकि बिस्तर पर जाने के पहले जब वो जगी थी, तब उसे पिछली रात देखे ख़्वाब में से एक महत्वपूर्ण दृश्य तुरन्त याद आ गया था।

कमज़ोर दलील

सुबह का समय है और लगातार तेज़ बारिश हो रही है। वह ख़ून जैसे लाल रंग के अपने क़मरे में, बिस्तर पर बैठी है और टर्मिनल स्क्रीन देख रही है। उसे लगता है कि अकेली है, फिर उसे अहसास होता है कि नाना छोटी खिड़की के सामने खड़ी होकर बाहर घाटी देख रही हैं। वह नाना को ये बताने के लिए खाँसती है कि वे क़मरे में अकेली नहीं हैं। बूढ़ी नाना उसकी तरफ़ घूमकर प्यार से कहती हैं :

'हाँ, मेरी बच्ची?'

वह उस चिट्ठी को ज़ोर से पढ़ती है जो उसे अभी-अभी मिली है : मैं नहीं जानती कि दुनिया कैसी होगी जब तुम इसे पढ़ रही होगी, लेकिन तुम्हें पता है...

नाना पीछे हटती हैं। हवा में अपना बायाँ हाथ लहराती हैं और लाल

अँगूठी चमकने लगती है। ऐसा लगता है कि जैसे अपनी ताक़त दिखाने के लिए ऐसा करती हैं। वह कहती हैं :

'आख़िरकार तुम्हें वह मिल गया जो मैं तुम्हें लिखा था।'

'लेकिन ये हरी मशीनों के साथ कैसे चला गया? क्या उन्हें कभी लगाया भी गया था?'

नाना ने उससे ध्यान से देखा और साफ़ जवाब दिया :

'मुझे इसे पार करना पड़ा, नोवा। क्योंकि मैं जो भी कहूँ, मेरी दलील कमज़ोर होती है।'

'अगर मैं आपसे पूछूं कि मेरी परदादी को क्या कहा जाता था तो क्या वो दलील भी कमज़ोर होगी?'

बूढ़ी नाना ने अपना सिर ऐसे हिलाया, जैसे कि वह किसी के साथ फ्लर्ट कर रही हो।

'तुम्हें याद नहीं है?' उन्होंने पूछा। 'ज़्यादा दिन नहीं हुए जब तुम उसकी गोद में बैठा करती थी। लेकिन तुम जिस लड़के के बारे में अभी सोच रही हो, वो जोनस है और लो से आया है।'

'जोनस...'

'क्या मैंने तुम्हें नहीं बताया है कि कैसे हम एक-दूसरे से मिलने के लिए स्की करते हुए पुराने खेत तक जाते थे? उन दिनों हम बस कहते थे "पहाड़ों पर"। तुमसे "पहाड़ों पर" मिलते हैं।

'बिलकुल सही। और अब सारी चीज़ें ज़रूरत से ज़्यादा बढ़ चुकी हैं।'

लेकिन परदादी एना ने नोवा की तरफ़ सख़्त निगाह डाली और उसे अपनी जगह रखा :

'ये दलील भी कमज़ोर है कि दुनिया को दूसरा मौक़ा दिया गया है।'

उन्होंने एक बार फिर अपनी बाँह हवा में लहराई और रूबी चमकने लगी।

परदादा

एना बिस्तर पर लेटकर जमी हुई दीवारों की चरमराहट की आवाज़ सुन रही थी। जैसे ही वह नींद के आगोश में गई, उसने सपना देखना शुरू किया कि एक लाल पक्षी खिड़की के काँच पर अपनी चोंच मार रहा है और अन्दर आने की कोशिश कर रहा है। सपना इतना असली लग रहा था, और चोंच मारने की आवाज़ इतनी तेज़ थी कि उसकी नींद टूट गई। उसने अपने बिस्तर के ऊपर लगी बत्ती जलाई, अपना नया फ़ोन उठाया और एक टेक्स्ट मैसेज देखा।

शायद इसी मैसेज से उसकी नींद टूटी थी। या फिर दीवारों पर जमी हुई बर्फ़ की वजह से?

टेक्स्ट जोनस ने भेजा था :

क्या तुम जगी हो?

उसने टाइप किया: हाँ। तुमने ही मुझे जगाया।

हैप्पी बर्थडे!

शुक्रिया, जोनस।

मैंने इसे पढ़ा।

पढ़ा? क्या पढ़ा?

जो तुमने लिखा है। तुमने इसे ब्लॉग पर डाला है।

वाह! मैंने सोचा नहीं था कि आज से सत्तर साल बाद तक कोई इसे पढ़ेगा। क्या तुम मुझे फ़ोन कर सकते हो?

एक सेकेंड बाद, उनका मोबाइल बज उठा।

'तुम्हें पता है न अफ्रीका में सब कुछ ठीक हो गया?' उसने कहा।

'हाँ, पता है, शुक्रिया। मैंने बेंजामिन से बात की। वे ख़ुश हैं... तुम्हें पता है उनके कान में तारे जैसी ईयरिंग क्यों है?'

'मुझे कभी अँधेरी रात से डर नहीं लगेगा, क्योंकि सितारे मुझे दिखाएँगे रोशनी...'

'अभी मज़ाक़ नहीं, जोनस।'

'ठीक है, बताओ!'

'उन्हें वो ईयरिंग उनकी पत्नी ने एस्टर के जन्म के कुछ दिनों बाद दी थी। और एस्टर का मतलब है "तारा"।'

एना थोड़ी देर के लिए रुकी, और जोनस ने मोक़े का फायदा उठाते हुए उसे जन्मदिन की शुभकामनाएँ दीं और उस चिट्ठी के लिए अच्छी-अच्छी बातें कहीं जो एना ने ऑनलाइन डाली थी। वो ख़ास तौर पर ख़ुश था कि एना ने उसकी हरी मशीनों के बारे में लिखा था। फिर उसने अपना गला साफ़ किया।

'तुमने अन्त में कुछ लिखा था, उससे मैं हिल गया था : "ऐसा बहुत कुछ है जो मुझे भविष्य के बारे में नहीं पता। मैं बस इतना जानती हूँ कि मुझे इसे तैयार करने में भागीदार बनना है। और शायद मैंने एक छोटी सी

शुरुआत कर दी है..." '

'हाँ, मैंने अपनी परपोती के लिए ये लिखा था।'

जोनस ने फिर से अपना गला साफ़ किया। 'मैं उस बच्ची के लिए परदादा के रूप में अपनी सेवाएँ दे सकता हूँ।'

वह हँसने लगी। इतनी ज़ोर से हँस रही थी कि उसे अचानक डर लगा कि नीचे की मंजिल पर अपने पिता को जगा दिया। वह फुसफुसाकर बोली :

'फिर तो आ जाओ, जोनस!'

जोनस ज़ोर-ज़ोर से हँस पड़ा। 'तुम पागल हो,' उसने कहा। 'बहुत सारी चीज़ें पागल हैं।'

'शायद हम एक साथ बड़े होकर शुरुआत कर सकते हैं। मुझे नहीं लगता कि हमें परदादी और परदादा बनने की कोई हड़बड़ी है।'

वह फिर से हँसी:

'मैं दुनिया में बच्चों को लाने से कहीं ज़्यादा काम करना चाहता हूँ। गर्मी में मैं साइकिल से बर्गन जा रहा हूँ। क्या तुम भी उसके लिए तैयार हो?'

'अगर तुम मेरे साथ ट्रेन से रोम चलते हो तो।'

'क्या तुम वादा करती हो?'

'कसम से!'

'मैं भी। अब हम बात कर रहे हैं। क्या तुम वहाँ हॉलैंड से होते हुए जा सकते हो?'

'बिलकुल। हॉलैंड के लोग रोम जाते हैं। क्या तुम एम्सटर्डम देखना चाहोगी?'

'हाँ, लेकिन इस समय मेरे दिमाग़ में हेग छाया हुआ है।'

'हेग? क्या तुम किसी युद्ध अपराधी से मिलने जा रही हो?'

'नहीं, लेकिन एक दिन हेग में इंटरनेशनल क्लाइमेट कोर्ट ज़रूर बनाया जाएगा। मैं वहाँ तुम्हारे साथ एक दिन बिताने का सपना देखती

हूँ। कुछ चीज़ें हैं जिनका मैं पता लगाना चाहती हूँ। शायद कुछ चीज़ें मैं तुम्हें दिखाना चाहूँगी : ज़मीन का एक बड़ा प्लॉट, शायद एक पार्क...'

'मैं तैयार हूँ।'

'जोनस, क्या तुम वादा करते हो कि हम इस ग्रह को दूसरा मौक़ा देंगे? और कि हम बहुत सारे लोगों को अपने साथ जोड़ेंगे?'

'मैं वादा करता हूँ।'

'तुम्हें सच में इसमें यक़ीन है न, जोनस? मैं चाहती हूँ कि तुम उसमें यक़ीन करो जो हम कर रहे हैं।'

'हाँ...'

'तुम आशावादी हो? या निराशावादी?'

'मैं नहीं जानता। शायद थोड़ा-थोड़ा दोनों। तुम क्या हो?'

'मैं आशावादी हूँ, जोनस। और पता है क्यों? मुझे लगता है कि निराशावादी होना अनैतिक होना है।'

'अनैतिक?'

'निराशावाद दरअसल आलसपन का ही दूसरा नाम है। हाँ, मुझे भी चिन्ता होती है। लेकिन वो अलग बात है। निराशावादी तो हार मान लेता है।'

'तुम्हारी बात में दम तो है।'

'हम उम्मीद नहीं छोड़ सकते। और इसका मतलब है कि हमें लड़ना होगा। तुम इस लड़ाई का हिस्सा बनना चाहते हो, जोनस? क्या तुम इस लड़ाई को शुरू करना चाहते हो?'

'मुझे लगता है कि तुम मुझे किसी भी काम को करने के लिए मना सकती हो।'

'मैं उम्मीद करती हूँ कि तुम अपना वादा निभाओगे।'

'ठीक है, फिर आगे बताओ!'

'क्या हम साथ-साथ पढ़ना शुरू करें?'

'पढ़ना?'

'चलो, हम लोग हैमसन और दोस्तोव्स्की और शेक्सपीयर और होमर की क्लासिक किताबें पढ़ें। और पुरानी कहानियाँ, *अलिफ़ लैला* और माइथोलॉजी। हम यूनानी और नॉर्वे की कहानियों से शुरुआत कर सकते हैं। मैं इगड्रेसल और रैगनैरॉक के बारे में पढ़ना चाहती हूँ। मैं कैसेंड्रा के बारे में पढ़ना चाहती हूँ। वह एक पैगंबर थी जो भविष्य का अनुमान लगा सकती थी, लेकिन किसी ने उस पर यक़ीन नहीं किया...'

'तुम्हारा मतलब है कि एक-दूसरे को ज़ोर से पढ़कर सुनाएँ? क्या ये...?'

'नहीं, नहीं, नहीं। हम किताबें एक साथ पढ़ेंगे। हम नई दुनिया में साथ-साथ खोएँगे। हम काल्पनिक दोस्तों का एक बड़ा समूह बनाएँगे। फिर हम पहाड़ों में घूमने जा सकते हैं और अपने दोस्तों के गैंग को साथ ले जा सकते हैं।'

'ठीक है। पक्का।'

'कल से शुरू करते हैं। मैं हैमसन के रहस्य की दो क़ॉपियाँ ख़रीद लूँगी। मैंने इसे किताब की दुकान में देखा था और मेरा मन ललच गया। आज मेरा जन्मदिन है, इसलिए मुझे डैड से थोड़े पैसे तो मिलेंगे ही। क्या तुमने ये किताब पढ़ी है?'

'नहीं। तुम मुझे चौंकाने का कोई मौक़ा नहीं छोड़ती।'

'किताब अच्छी है।'

'हो सकती है...'

'मुझे लगता है कि ये दौर जीने के लिए जबर्दस्त है, मेरा मतलब है, ऐसी दुनिया में जो तर्क के किनारे पर खड़ी है। सोलह साल के होने और पन्द्रह साल 364 दिनों के होने में बहुत फर्क है। कितना कुछ है जो मैं करना चाहती हूँ। क्या तुम्हें पता है कि मैं कल स्कूल जाने के पहले

क्या करने जा रही हूँ?'

'नहीं। मैं भविष्य नहीं देख सकता।'

'मैं पता लगाने जा रही हूँ कि कितनी तरह की ग्रीनफ़्लाई होती हैं।'

'तुम पागल हो।'

'लेकिन ये आइडिया तो तुमने ही दिया था।'

'क्या? मैंने?'

'तुमने अपनी बातचीत में इसके बारे में लिखा था। तुमने लिखा था कि तुम ग्रीनफ़्लाई की सभी प्रजातियों के लिए फ़ाउंडेशन बनाना चाहते हो जो ख़तरे में हैं। इसलिए मैं सोच रही थी कि वो कितनी तरह की होंगी।'

'मैं पूरी तरह ये भूल गया था। लेकिन अब हमें थोड़ा सो लेना चाहिए।'

'इतने बोरिंग मत बनो, जोनस। जब तुमने मुझे टेक्स्ट किया था, मैं पूरे एक सेकेंड के लिए सो चुकी थी, और अब मैं पूरी तरह से जाग रही हूँ।'

'मुझे यक़ीन है कि जैसा हमारा दिन बीता है, उसके बाद तुम तुरन्त सो जाओगी। लेकिन क्या तुम्हारे डैड सुबह होते ही तुम्हें जगाएँगे नहीं? वह तुम्हारे क़मरे में नींबू पानी के साथ आएँगे?'

'सैंडविच और चाय, जोनस। मैं बन्स और पॉप के लिए बड़ी हो चुकी हूँ।'

'फिर मैं तुम्हें गुडनाइट कहता हूँ!'

'तुम्हें पता है कि अगर मैं नहीं सो सकी तो क्या करूँगी?'

'भेड़ों की गिनती?'

'नहीं, लेकिन तुम क़रीब-क़रीब सही हो। मैं ग्रीनफ़्लाई को गिनने जा रही हूँ। मैं अपनी आँखें बन्द करके उन चमकीली, भिनभिनाने वाली ग्रीनफ़्लाई को गिनूंगी। और फिर मैं तुम्हें कल बता सकती हूँ कि सोने के

पहले मैंने कितनी ग्रीनफ़्लाई गिनी थीं।'

'मैं भी ऐसा कर सकता हूँ। फिर हम देखेंगे कि किसकी नींद पहले लगी। गुडनाइट एना। कल मिलते हैं!'

'गुडनाइट।'

गाँव

रात हो चुकी है, चारों तरफ़ गहरा अँधेरा है लेकिन काफी गर्मी भी। वह एक गाँव के बाहर अपनी उम्र के तीन मर्दों के साथ बैठी है। एक गैस लैंप की नीली रोशनी में देखती है कि वे लोग स्वचालित हथियारों से लैस हैं। गैस लैंप एक जर्जर शेड की छत से लटका है। दीवारों से सटाकर मक्के की दो बोरियाँ रखी हुई हैं। बोरियों पर लिखा है विश्व खाद्य कार्यक्रम। अपने आसपास की झाड़ियों से उसे झिंगुरों की आवाज़ सुनाई देती है। पास के गाँव से उसे कुछ महिलाओं के बात करने और हँसने की आवाज़ आती है, फिर एक बकरी के मिमियाने की, और अब एक बच्चे के रोने की। बच्चे का रोना एकाएक रुक जाता है और वह सोचती है कि बच्चा अपनी माँ के स्तन से चिपक गया है।

वह डरी हुई नहीं है। लेकिन जानती है कि कहाँ है और वह कौन है :

कि वह एस्टर है और सरहदी इलाके में बंधक बनाई गई है। गैस लैंप के चारों ओर चमगादड़ उड़ रहे हैं। बंधक बनाने वाले लोगों को देखती है। वे सिर हिलाते हैं, और वह कुछ पासे उठाती है और उन्हें लाल-भूरी ज़मीन पर फेंक देती है। पासे उनके बीच लुढ़कते हैं, और फिर अन्त में सभी में छह दिखता है। वह शर्मिंदगी से मुस्कुरा देती है। स्वचालित हथियारों वाले मर्द बुरा सा मुँह बनाते हैं।

'तुम जीत गई!' बन्दी बनाने वालों में से एक चिल्लाता है।

'गोरे लोग हमेशा जीतते हैं,' दूसरे आदमी ने कड़वाहट के साथ कहा।

लाल नींबू पानी की एक बोतल और चार ग्लास उनके बीच ज़मीन पर रखे हैं। एक आदमी उसे ग्लास में डालता है।

वह ऊपर देखती है। आसमास में चांद नहीं है, लेकिन सितारों का सबसे शानदार झुरमुट बना है, जैसा उसने आज तक नहीं देखा है। उसे समझ नहीं आता कि इस ख़ूबसूरत आसमान के नीचे इतनी लड़ाई और दुश्मनी कैसे हो सकती है। उसे मानवजाति पर शर्म आती है।

झींगुरों की तेज़ होती आवाज़ और गाँव से आती बिखरी हुई आवाज़ें रात की शान्ति का और गहरा अहसास कराती हैं। अँधेरे में इन जानी-पहचानी आवाज़ों में थोड़ा-थोड़ा सुकून है। इनसे उसे आत्मविश्वास मिलता है।

लेकिन अचानक झाड़ियों में हलचल होती है, और शान्ति भंग होती है गोलियों की आवाज़ों और एक ऐसी भाषा में ग़ुस्से भरे आदेश से, जिसे वह नहीं समझती। बंधक बनाने वालों में एक किसी तरह अपनी बन्दूक से गोली दागता है, लेकिन एक मिनट बाद ही वे सभी ज़मीन पर गिरे हुए रहम की भीख माँग रहे हैं। एस्टर भी वैसा ही करती है और रहम की भीख माँगती है। गाँव की औरतें अब डर से चीख रही हैं, और बच्चों ने रोना शुरू कर दिया है।

बंधक बनाने वालों को हथकड़ियाँ पहना दी गई हैं और उन्हें एक हरी जीप में ले जाया गया है, जो न जाने कहाँ से आ गई है। एस्टर का ख़याल हरी वर्दी वाला एक अफसर रख रहा है, जो बिलकुल साफ़ अंग्रेजी में चिल्लाता है :

'तुम्हारे पिता बेंजामिन ने तुम्हारे लिए अपना प्यार भेजा है!'

एस्टर

एना कुछ घंटों के लिए सोई थी, लेकिन जब वह जगी तो उसे लगा कि वो महीनों से सो रही थी। कहीं किसी और जगह थी, कई मील दूर। टेलीफ़ोन की घंटी बजने के पहले, या शायद साथ-साथ ही, उसे याद आया कि वह एस्टर थी और उसे हॉर्न ऑफ़ अफ्रीका में बन्दी बनाया गया था।

उसे उम्मीद थी कि आवाज़ जोनस की होगी लेकिन उसे किसी महिला की आवाज़ सुनाई दी।

'क्या मेरी बात एना से हो रही है?'

'हाँ?'

'मैं एस्टर एन्टोनसन हूँ। मैं नैरोबी से फ़ोन कर रही हूँ।'

एना चौंक गई थी।

'मैं समझी नहीं। अभी-अभी मेरी नींद एक सपने से टूटी है, और सपने में... मैं आपकी जगह थी। आप फ़ोन क्यों कर रही हैं?'

'तुम्हें जन्मदिन की मुबारकबाद देने के लिए! मुझे पता चला कि आज तुम सोलह साल की हो गई।'

'आपका शुक्रिया।'

'डैड ने मुझे बताया। उन्होंने ही मुझसे कहा कि मैं तुम्हें फ़ोन करूँ। जब मैं गुम थी तब तुमने उनका हौसला बढ़ाया—मैं तुम्हारी कर्जदार हूँ!'

एना ख़ुश थी कि उसने बेंजामिन की मदद की।

उसने कहा :

'मैंने उन्हें बताया था कि वह मेरे बारे में आपसे बात कर सकते हैं। मैं सच में ऐसे लोगों की तारीफ़ क़रती हूँ जो दुनिया के ग़रीबों की मदद करते हैं।'

इससे पहले कि और कुछ बोल पाती, एस्टर ने पूछा: 'क्या ये सच है कि तुमने सपने में देखा कि तुम मेरी जगह थी?'

'बिलकुल। मैं अक्सर सपने में किसी और की जगह ख़ुद को देखती हूँ। एक बार मैंने देखा कि मैं एक हाथी हूँ। हाथी होने का अहसास बड़ा अजीब सा था। लेकिन पिछली रात मैंने सपने में ख़ुद को आपकी जगह देखा। आपके साथ कैसा बर्ताव किया गया था?'

'देखा जाए तो, अच्छा। मैंने उनसे विनती की थी कि मुझे तारों के नीचे सोने दिया जाए। उन्हें इसमें दिक़्क़त नहीं थी, और वे सभी बारी-बारी से मुझ पर नज़र रखते थे। लेकिन हमने रात का ज़्यादातर हिस्सा पासे खेलते हुए बिताया।

'और आप जीत गईं!'

'तुम्हें कैसे पता?'

'देखिए...'

‘एना, तुम्हें कैसे पता?’

‘बंधक बनाने वाले कैसे हैं? उनकी बीवियाँ और बच्चे हैं...’

‘उन्हें सोमालिया के अफसरों को सौंप दिया गया था। हाँ, मेरे साथ अच्छा बर्ताव हुआ था। लेकिन ये कोई एडवेंचर नहीं था, एना। मैं डरी हुई थी। हम सहायता करने वाले लोगों को बंधक नहीं बना सकते। हम आतंकवादियों को समझने की कोशिश कर सकते हैं, लेकिन हमें कभी भी आतंकवाद को माफ़ नहीं करना चाहिए। इन लड़कों को अपने घर लौटने के पहले कुछ साल जेल में बिताने पड़ सकते हैं।’

‘आप सही कह रही हैं... मैं “बीवियों और बच्चों” वाले हिस्से पर दोबारा सोचूंगी।’

‘तुम्हारा मतलब क्या है?’

‘मैंने आपकी एक तस्वीर अख़बार में देखी थी। फिर मैंने बेंजामिन को फ़ोन किया। मुझे लगता है कि मैंने उनकी डेस्क पर लगी फ़ोटो से आपको पहचाना।’

‘लेकिन वह मेरी माँ की फ़ोटो है। सालों पहले ली गई थी।’

‘मैं जानती हूँ। तो आप ज़रूर उनकी तरह दिखती होंगी...’

दूसरी तरफ़ थोड़ी देर तक खामोशी रही। फिर एस्टर ने कहा :

‘मुझे अक्सर बताया जाता है कि मैं मम्मी की कार्बन कॉपी हूँ। लेकिन उनकी मौत तभी हो गई जब मैं छोटी थी, एना। तब से मेरे पिता के पास केवल मैं रह गई थी। और फिर, थोड़े समय बाद मेरा बेटा लुकास आ गया। जब मुझे क़ैद में लिया गया था, मेरे पिता डर गए थे कि मुझे भी खो देंगे, और शायद इस बात से और भी ज़्यादा डर गए थे कि लुकास को बग़ैर माँ के बड़ा होना पड़ेगा।’

‘मैं इस बात को समझ सकती हूँ। वह बहुत चिंतित थे। । ।

लुकास कितना बड़ा है?’

‘आठ साल का है। अपने दादा को प्यार करता है—और दादा भी

उसे प्यार करते हैं!'

'मैं बस सोच सकती हूँ कि वे दोनों साथ-साथ कैसे होंगे! मैं आपके पिता को एक दोस्त की तरह मानती हूँ। आपको पता है क्यों?'

'बताओ।'

'देखिए, सबसे पहले तो ये कि वह जलवायु की समस्या को समझते हैं, और इससे जुड़े हैं। लेकिन इससे भी ज़्यादा बड़ी बात ये है कि उन्होंने मेरी राय को गम्भीरता से लिया, जबकि मैं अभी केवल सोलह साल की हूँ।'

'लेकिन जब मैं सोलह साल की थी, मैंने डैड से बिलकुल यही बातें पूछी थीं। और उस वक़्त वो इतने खुले नहीं थे। मैंने उन्हें सिखाया है।'

'सच में? तो आप अपने डैड की अध्यापिका हैं?'

'नहीं, नहीं। उन्होंने मुझे सिखाया कि पानी के ऊपर पत्थर कैसे फेंके जाते हैं। उन्होंने मुझे पक्षियों के बारे में सिखाया और ये बताया कि विलो की बांसुरी और पेड़ की छाल से नाव और मालाएँ कैसे बनाई जाती हैं।'

'तब तो वह एक अच्छे पिता रहे हैं।'

'लेकिन मैं पहले नेचर एँड यूथ से जुड़ी और फिर घर आकर डैड को जलवायु परिवर्तन के बारे में बताया। और मैं उन्हें ताजा घटनाएँ बताती रहती हूँ।'

'ताजा घटनाएँ क्या हैं?'

'ग्लेशियर पिघल रहे हैं, और आर्कटिक में गर्मियों में होने वाली बर्फ़ अब तक के सबसे कम स्तर पर है। ये सितंबर सबसे ज़्यादा गर्म रिकॉर्ड किया गया था, और केवल अमेरिका में एक हज़ार से ज़्यादा नए मौसमी रिकॉर्ड दर्ज किए गए हैं। हम ग्लोबल वॉर्मिंग के असर को अपनी उम्मीद से कहीं पहले देख रहे हैं—ये सबसे ज़्यादा नकारात्मक भविष्यवाणी से भी बदतर है।'

'मैं जानती हूँ...'

‘लेकिन दुनिया कार्बन डाई ऑक्साइड के उत्सर्जन को घटाने पर सहमत हो नहीं सकती। तेल उत्पादक देश अपने तेल उत्पादन को बन्द करना बर्दाश्त नहीं कर सकते। अमीर अपनी सुख-सुविधाओं को छोड़ने को तैयार नहीं हैं। और हम जितने लम्बे वक़्त तक उनके तौर-तरीके सुधरने का इन्तज़ार करेंगे, हमारा नुकसान उतना ही ज़्यादा बढ़ता जाएगा।’

‘प्राकृतिक आपदाएँ पहले से ही हमें कितना नुकसान पहुँचा रही होंगी।’

‘हाँ, पहुँचा रही हैं। कुछ साल पहले, लोग कहते थे कि हम पृथ्वी की जलवायु पर असर डालने वाली पहली पीढ़ी हैं और ऐसी अन्तिम पीढ़ी जिसे इसकी क़ीमत नहीं चुकानी होगी। अब ये बात सच नहीं है। मैंने अपनी आँखों से प्रभाव देखा है, मैंने सूखा देखा है, और मैंने अपनी बांहों में मरते हुए बच्चों को थामा है... इससे मुझे बहुत तकलीफ़ होती है, एना, क्योंकि हमें कुदरत नहीं मार रही, हम ख़ुद को मार रहे हैं।

‘जब मैं अपनी पढ़ाई पूरी कर लूँगी, मैं आपके साथ काम करना चाहूँगी।’

‘एक दिन तुम मेरे साथ आ सकती हो। लेकिन मैं उससे काफी पहले तुमसे मुलाक़ात करना पसन्द करूँगी।’

‘मुझे नहीं पता कि मैं इतनी मज़ेदार हूँ जितना बेंजामिन ने आपको बताया है। हाँ, मैं काटती नहीं हूँ।’

‘मैं अगले हफ्ते नॉर्वे लौटूंगी। क्या तुम कभी ओस्लो आती हो?’

‘कभी-कभी। लेकिन...’

‘बोलो।’

‘मेरा एक बॉयफ्रेंड है, जोनस...’

‘मैं जानती हूँ।’

‘यह बात मुझे पसन्द नहीं आई कि उन्होंने आपको ये बात बताई।’

‘किसने?’

‘बेंजामिन ने। उन्हें अपना वादा निभाना चाहिए था।’

‘ये कोई बड़ी बात नहीं है, एना। तुम क्या कहने जा रही थी?’

‘हमने स्कूल में एक ग्रुप बनाया है—बेंजामिन ने ये सुझाव दिया था। अगर आप अफ़्रीका के अपने अनुभवों के बारे में बताने आएँगी, तो आधा स्कूल सुनने चला आएगा। मुझे यक़ीन है कि हम स्कूल के हॉल का इस्तेमाल कर सकते हैं—और अगर नहीं, तो हम उस पर कब्ज़ा कर लेंगे। आप हमें ग्लोबल वॉर्मिंग के पीड़ितों के बारे में बता सकती हैं—और तस्वीरें ला सकती हैं, अगर आपके पास हों तो।’

‘मुझे अच्छा लगेगा, एना।’

‘आप हमारे साथ ठहर सकती हैं। आपको यक़ीन नहीं होगा कि मेरे डैड कितना अच्छा खाना बनाते हैं। मम्मी खाना बनाने में तो उतनी अच्छी नहीं हैं, लेकिन उनके डेज़र्ट्स बहुत बढ़िया बनते हैं।’

‘ये तो बहुत अच्छी बात है!’

‘हमारे घर में मेहमानों के लिए एक छोटा क़मरा है जिसमें एक बड़ा सोफा है और सत्रह अलग-अलग कुशन...’

‘सत्रह कुशन?’

‘...और हर कुशन पर किसी परी कथा के दृश्य की कढ़ाई की गई है। एक में ज़मीन के नीचे बनी गुफा में अलादीन को दिखाया गया है जहाँ उसे जादुई चिराग मिलता है। बहुत कम लोगों को याद है कि अलादीन के पास एक जादुई अँगूठी भी थी, लेकिन यह बात मेरी कहानी के लिए अहम है। मैं आपको सब कुछ बताऊँगी जब हम मिलेंगे। वैसे, क्या आपने कभी ऊँट की सवारी की है?’

‘कई बार, एना।’

‘मैंने केवल एक बार की है। बेंजामिन ने सुझाव दिया था कि मुझे अरबों के साथ थोड़ा वक़्त बिताना चाहिए—और मैंने ऐसा किया है’

‘कहाँ?’

'यहाँ, अपने दिमाग़ में... लेकिन अब मुझे किचेन में डैड की आवाज़ सुनाई दे रही है। वह एक मिनट में सीढ़ियाँ चढ़कर यहाँ आ जाएँगे। मेरे लिए सैंडविच और चाय ला रहे हैं और सोच रहे होंगे कि मुझे जगाएँगे। मैं आपको हमारी मुलाक़ात में और भी बहुत कुछ बताऊँगी। मुझे उसका इन्तज़ार रहेगा! अब मुझे बहाना करना पड़ेगा कि मैं सोई हुई हूँ ।'

'हाँ, तुम्हें नाटक करना होगा।'

'या मैं कह दूँ कि एस्टर एन्टोनसन ने जन्मदिन की मुबारकबाद देने के लिए मुझे फ़ोन किया और जगा दिया? ये ठीक रहेगा, आपका क्या सोचना है?'

'हाँ, हाँ। मैं तुम्हें ऐसी कोई कसम नहीं दे रही हूँ।'

'ठीक है फिर, गुड बाय। आपका दिन शानदार हो!'

'तुम्हारा भी, एना! आज तो तुम्हारा दिन है!'

जॉस्टिन गार्डर नार्वे के चिन्तक और कई विश्वप्रसिद्ध उपन्यासों के लेखक हैं। अंग्रेज़ी में छपी उनकी पहली किताब 'सोफीज़ वर्ल्ड' हिन्दी सहित दुनिया की साठ भाषाओं में अनूदित हो चुकी है और अबतक उसकी चार करोड़ से ज्यादा प्रतियाँ बिक चुकी हैं। जॉस्टिन की लोकप्रियता का राज़ दुनिया को किशोरों की नज़र से देखने की कमालसिफ़त और गंभीर बहसों को सहज भाषा व आसान कथा-विन्यास में ढाल देने की रचनात्मक प्रतिभा में छिपा है। 'दि ऑरेंज गर्ल', 'द क्रिसमस मिस्ट्री', 'द रिंग मास्टर्स डॉटर' जैसी लोकप्रिय रचनाओं के बाद अब यह नई रचना 'दुनिया एना की नज़र से', आपके हाथों में है। लेखक जॉस्टिन गार्डर फ़िलवक़्त सपरिवार ओस्लो में रहते हैं।